神紋総覧

丹羽基二

講談社学術文庫

本書に寄せて

樋口清之

丹羽基二先生の、一連の家紋や姓氏に関する大著は、日を追って令名を高め、今や斯界の名著として学界でもひろく認められていることは、私らの改めて申し上げるまでもないことである。事実、古今の典籍をあさり、全国を調査して、正確な事実を集録し、公正に解明して、しかも流れるような文章で私らを説得してくれる。同学の私らが、思わず知らず読み出したらやめられない興味にひかれる秘密はどこにあるのだろうかと、ふしぎな思いがするくらいである。もちろんそれは、先生自身のこの研究への打ち込みかたと、自身でもつきない興味を持って研究に当って居られることから来る吸引力であることは言うまでもない。その丹羽先生の労作、「家紋」の姉妹篇に当る「神紋」が今回新たにここに世に出ることになった。先ず、その悦びと、御研究への心からの敬意をここに表わしたい。

今までの一連の名著についてもそうだったが、製本成ると一冊の著書だが、この種の研究は、その一字一句が、一行一頁がまことに血の出るような労苦によって成されているのを人は忘れがちだ。私ら駄著を多少物する者すらこれを体験するのだから、こんな、一切まやかしや誤りの許されない神紋の研究、しかも前人がほとんど手をつけなかった研究の蔭には、それこそ一般の方の想像を超えた苦労が多かったことを、私は本書の行間到るところで感じた。しかもそれを、そんな苦吟の形ではなく淡々と流れるように、語りかけるように記述されて、やはり読みはじめるとやめられない魅力は、どの類書も追随を許さない独特の特色だと言ってよい。

本書はやはり、私の想像通り、全国四八二七社の神社について実際に調査したものが骨子になっている。一口に五千社未満と言い、全国神社の五パーセントとは言うものの、神社とは名ばかりのものを含めて一〇万社というのであり、その中には、稲荷社だけで三万社、八幡社だけで二万五千社と同一社名祭神のものを除いて行くと、ほとんど各種の神社は網羅されている。とくに延喜式内の古社や旧社格を持った神社をほとんど調査してあるから、神紋の研究は、今後もこの範囲を越えることは、先づむつかしいと言ってよい。それが一二〇種の神紋である。

本書は、この神紋の発生、発展、神紋家紋の交流、巴紋や菊紋、稲紋の普及などの総論についで、神紋一二〇種の各説、全国都道府県ごとの神紋巡国の三部から成り、懇切にその一々を解説している。元来神社は、太古には社殿さえない様式で起り、社殿が発生しても一切装飾要素を受けつけなかった時代が長くつづいた。とくに神宮は言うまでもないが、他の古社も、絶対的な信仰に支えられて、それは伝道宗教みたいに他宗と紋章によって区別する必要を持たないものであったので、家紋の発生におくれて起るのは当然であった。しかし、やがて信仰の呪術性の形象化や縁起、神徳の表現、祠官社家やその神社を拠りどころとする民族集団の象徴として、家紋と交流するしるしとしての神紋が起った。また祠官が神紋を持って豪族化したものや、神社の外護信仰権力としての両者の合一関係を示すものなどがあって、家紋との交流を深めて行った。しかし、七千種を越す家紋ほどの多種類に分かれなかった理由は、神社は仮りに一〇万社存在しても、祭神の種類は、祖神、産業神、開拓神、除災招福神、国土神、郷村守護神等、その神徳種類が共通しているのと、苗字、家紋のごとく各家単位としてではなく、地縁や血縁による集団信仰として神社が起り、のちその地縁血縁を越えて普及しても信仰する祭神を媒体に擬制血縁や地縁の関係を意識するので、神紋は一定数以上に分かれる理由を持たなかった。また、原点において神社は神紋を以て他社と区別や識別すべきものではなかったので、現代まで神紋を持たないままで来たものも少なくないのが事実である。こんなことが神紋の種類が意外と少ない理由と思われるが、逆に、現存神紋の追跡調査は、その神社やそれを信仰する集団の歴史を証明する重要な手がかりになるものである。こんな意味で、神紋の研究は、意外な歴史研究上の盲点であり、日本文化理解の一の鍵でもある。本書が研究上に持つ重要な意義は、この盲点を明らかにしている点にあると言って差支えない。

（國学院大學名誉教授）

目次

二の鳥居　⛩ 神紋各説

三の鳥居 ⛩ 神紋巡国 …… 229

神紋総覧

一の鳥居

神紋概説

神の門をくぐるまえに、先ず、こんな俗謡を思い出してもらいたい。

神の紋は神の門

伊勢へ参らばお多賀へ参れ　お伊勢はお多賀の子でござる

これは、「近江の多賀大社は伊勢神宮の祖神《おやがみ》であるから、お伊勢参りには必ず多賀大社にもお参りされるように」との訓《おし》えである。

事実、多賀大社は全国屈指の尊貴な神社で、古来社格のきわめて高いことで知られている。この多賀大社について、次のような社伝がある。

むかし、重源《ちょうげん》という坊さんがいた。源平のたたかいで、奈良の東大寺が炎上すると、さっそく後白河法皇から再建の院宣が下った。

夜を日についで、工事の完成にこれつとめたが、遅々として再建は進まない。またたく間に数年はすぎた。重源は心労のはて、とうとう病臥する身となってしまった。「かくては法皇の命にそむく」と、ある日、日頃信仰する近江の多賀大社に延命の祈願をした。

願の満つる日、神前にぬかずくと、はらはらと一枚の柏葉《はくよう》が舞い下った。手に取れば葉は

虫くい折れ柏

三つ柏

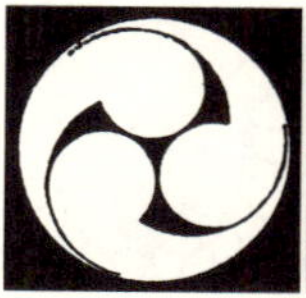
右三つ巴

虫喰いのあとが莚《むしろ》という字にみえる。

「はて、莚という字は……、二字にわければ艹《くさかんむり》に延びる、その心は艹（廾）が二十、延びるはいのちが延びることじゃ、廿年延命のお告げに違いないわ」

と拝喜したという。果して重源上人は東大寺の再建を成しとげ二十年後の建永元年に寂滅した。

いま、多賀大社に参ると、上図のような神璽《しんじ》に似たシルシが見られる。これが有名な「虫くい折れ柏《がしわ》紋」である。当社では、これを特別な社紋として扱っている。延命長寿のご利益をあらわす秘紋なのだ。ふつう、当社では「三つ柏紋」を社紋に用いているが、神事には「虫くい折れ柏紋」を使用する。

ところが、当社では、神前の幕やその他に上図のごとき「右三つ巴紋」も用いている。これは、祭神イザナギ、イザナミノ命のみ魂をあらわしている。いわば神そのもののみシルシであり、当社の神紋である。

こうして、神社は、祭神のシルシである神紋と神社のシルシである社紋と二つ持っているところがあるが、ふつう区別しないで、ともに神紋といっている。

さらに神紋も、一つとはかぎらない。

下り藤

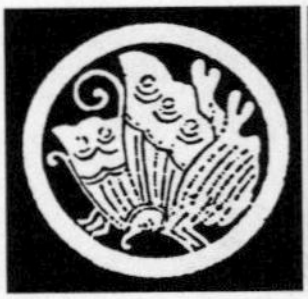
丸に揚羽蝶

栃木県佐野市の唐沢山神社では、祭神・藤原秀郷のみ魂を「三つ巴紋」であらわしているが、「下り藤紋」や「丸に蝶紋」も用いている。下り藤紋は、藤原氏出自をあらわし、蝶紋は子孫の宮司・佐野氏の家紋を転用したものである。このように、数個の神紋をもっているところも多い。

さて、佐野氏の家紋・蝶は当社の神紋とはなったが、もともと家紋であり、佐野氏という社家の紋であった。こんなわけで、社家紋が神紋となった例もあるが、反対に神紋が社家紋になった例もある。例えば、柏紋などは神前に供える柏の葉から来た神紋で、多くの神社で用いているが、伊勢神宮に奉仕する久志本氏、熱田神宮の千秋氏、宗像神社の宗像氏なども家紋として用いている。神紋は社家紋とも深い関係があることがこれでわかる。

神紋を表にすれば次の如くである。

神紋
- 神紋（祭神の紋）
- 社紋（神社のシルシで、神社紋ともいう）
- ┄社家紋（神社に代々仕える社家の紋）

注。┄┄は、密接な関係があることを示す

さらに、まえの多賀大社等でも、菊紋を神紋に用いることもある。皇室との関係でとくに使用を認められたもので、他紋の上位におくことが多い。家紋でいう定紋（正紋）にあたるものだ。そのばあい、他の神紋は替紋（副紋、裏紋）にあたる。替紋は正紋よりランクが低いようにもおもえるが、その神紋のしきたりで、いちがいにそうとばかりは言えない。前述の多賀大社の「折れ柏紋」などは、お多賀さまの特徴をもっともよくあらわしている神紋で、社でも大事にしているわけだ。

十六菊

徳川葵

三つ網

お江戸は浅草の観音さま――むかしから、下町っ子に親しまれている有名なお寺だが、境内に浅草神社のあることを知らない人も多い。浅草神社の神前の幕を見ると網《あみ》紋と葵《あおい》紋とが据えられている。

網紋は、むかしの隅田川で、魚とりの網にかかった観音さまを記念するための神紋だが、元来この神社は、観音さまの守護神なのだ。ところが、日がたち、月がすぎると観音さまは栄えたが、神社にお参りする人は少ない。徳川氏のころ、三代将軍家光は遺憾におもい、多額の幣帛を寄進して、神社の発展を祈念した。そのとき葵紋の使用も許されたのである。

さあ、葵紋が神紋として認められると、江戸っ子もお参りしないわけにはゆかない。そこで、浅草寺とともに浅草神社も日に日に栄えるようになったのである。

このばあい、網紋が定紋であるが、幕府に対して葵紋をその下におくわけには参らぬ。そこで、葵紋を上位に格あげしたのである。もちろん、いまは、そんな区別はないが……。

神紋をしらべると、いろいろなことがわかる。が、神社とお寺との関係でひとつ大切なことがわかる。それは、多賀大社にしろ浅草神社にしろ、東大寺や浅草寺というお寺を守っていることである。重源上人は、イザナギ、イザナミの二神に東大寺再建の願《がん》をかけている し、浅草神社は、浅草寺の裏で背後から観音さまを守っておられる。神と仏とは一とき仲がわるくなった。それは親子げんかのようなもので、本来はそうでない。

日本の神は仏法を守護し、寺の発展を願っている。いわば「神はほとけの守り神」なのである。

新しくて古い神社

古事記の冒頭にこんな文句がある。

「この世のはじめ、高天原に天御中主神《あめのみなかぬしのかみ》、高御産巣日神《たかみむすびのかみ》、神産巣日神《かみむすびのかみ》が次々に現われた。ところが、この三神はみな独身で姿がみえない」と。

これでみると、神さまは、元来姿が見えないのが普通らしい。神霊は、大むかし山や木や石などに宿ったのであるが、やたらにどこにでも宿ったわけではない。われわれが、心を正し、一心に祈り、まわりを清めて神霊の降臨を乞うとき、はじめて天降るのである。御柱などを立てておくと、降臨に都合がよい。伊勢神宮では、心御柱《しんのみはしら》、出雲大社では岩根御柱《いわねのみはしら》、諏訪神社では御柱《おんばしら》などを立ててあるが、いわば古代人の考えたレーダーやアンテナである。

降臨されると、神にものを捧げ、心を捧げて五穀豊穣を願い、子孫の繁栄を願い、さらに病気平癒等も願ったに違いない。お祈りがすめば、神霊が再び、そこを去る。すると、その霊域（むかしは神籬《ひもろぎ》などといった）もふつうの場所になる。やがてのちには便利なために常設の礼拝所をつくった――即ち神社である。ここにご神体を安置すれば、たしかに便利だ。

筆者は、これらの神社にみられる紋を次々に調べて約七千社に及んだ。全国に存在する神社は約十万社。その一割にもみたない。これらの神社に据えられているいろいろなカザリの模様をみながら、いままで気のつかないことに気がついた。神社の装飾模様の多くはわずか数百年の歴史だということ。それどころか、神社の建築それ自身が、ほとんど中世以降のものだということを――である。

神社はあたらしい！

この典型的な例を伊勢の皇大神宮にみる。ご存知のように、まえの伊勢神宮は昭和二十八年の建造だ。ことし（昭和四十八年）で二十年目、檜の香もあたらしい最新の神社だが、それを、ことしもう取りこわして再建した。これは一体どうしたことだろう。それはこうだ。

われわれの祖先は、神々の降臨を乞うため、その場所をしつらえ、そこを清めて神社を造る。しかし、祭礼がすめば、取りこわしだ。カラの建物を置いても仕ようがない。やがて常置された神霊の鎮座地とはなったが、古くなったり、けがれたりしたら、やはり取りこわしだ。だいたい二十年が限度だ。そこで新しく造りなおすというわけである。

伊勢神宮の建物を拝観すると、切妻式の屋根に茅や檜皮を用い、素木《しらき》の木材を組んで高床をつくり、おまけに千木とか鰹木とか称する妙な（と申しては失礼にあたるが）ものを屋根のテッペンにつけている。これは、じつに二千年もまえの神社の形態を厳正に伝承しているのである。神社は古い！

神社の無紋時代

さて、神紋はいつごろ起こったのだろうか？

これを調べるには、八百万《やおよろず》の神々と、その鎮座まします神社を次々に調査しなければならぬ。いわゆる神さまの戸籍しらべだ。

いま、日本書紀、六国史、古事記、古語拾遺、風土記、新撰姓氏録、旧事本紀、延喜式等の古典に現われた天神、地祇、また一般に伝承されている祭神、功臣、功労者等を数えてみると大よそ二千八百柱はある。

これらの神々が、大むかしからそのシンボル・マークを持っていたかどうか？新しくて古い神社を調べて、そこに据えられた紋章や、カザリの模様を手がかりとしよう。奈良朝や平安前期の建築物は神社にはないから、いきおい新しい建築物にたよらなければならない。いま、古式を厳重に守っている伊勢の皇大神宮の建築を調べてみると、ほとんどカザリはない。檜の素木《しらき》づくりに統一されていて、見ごとに地肌の美しさがわれわれに迫る。古代の神社は、無装飾、無模様、無紋であったことがしのばれる。

しかし、よく見ると神宮にはわずかにカザリ金具が打ってある。屋根の鰹木、千木の金具には模様らしきものはない。が、棟木覆《おお》いに剣花菱模様が半分のぞいている。垂木《たるき》や梁につけられた金具は花菱。正殿高欄のカザリ金具も同様に花菱。さらに唐花と唐草模様もみられ、殿戸のへりは、唐草模様となっている。正殿階段の両側のはしらの低部に青海波の地《じ》に八弁の花模様が続いている。

これらの模様はいつごろから、どういうわけでつけられたものだろうか。

十五世紀から十六世紀にかけて百二十余年間、式年遷宮制が中絶した。戦乱のためである。この間に古制がわすれられたことは、伝承にとって、きわめて遺憾であった。天正十三年（一五八五）に復興した形式は、多少は違っているかもしれない。が、それでも「正倉院文書」、延暦二十三年（八〇四）の「皇太神宮儀式帳」および「止由気《とゆけ》宮儀式帳」等によって、厳重に復原されている。大差はない。

カザリや模様はどうか。錺《かざり》金具のことは正倉院文書をもととしている。但し、カザリの模様については当時のものと同じかどうかわからない。神宮司庁に問いあわせると、鎌倉期以降のものを踏襲しているという。とすると、天正以前の模様も、これに近いものであったに違いない。

伊勢神宮におけるカザリ金具の模様は、少なくとも千年以上同形に近いものを保持伝承してきたのであろう。

しかし、この模様は、在来のものではない。異国系の模様である。大陸からあたらしい宗教や学問・芸術が導入されると、それらは神域にも侵入し、神宮寺のようなものまで建てられるようになった。かたくなにその侵入をこばんできた伊勢神宮でさえ、最小限度それらを採用したわけである。事実、法隆寺の丸瓦と、伊勢神宮の階段両側の円柱の金具の花弁はまさに同形のものだ。

奈良、平安にかけての一般的模様は、わずかながら、その原形を伊勢神宮にものこしている、ということである。

伊勢神宮でさえ、そのくらいだから他の神社ではやはり当時流行の模様を採用した。神仏習合の流行をみ、神社の境内に建てられたりして、その傾向は強まった。

伊勢神宮では、中心的な模様の花菱を神紋とは言っていない。単なる装飾としているが、他の神社でも同じである。

少なくとも、平安の末ごろまでは、神社のカザリとして存在したのである。

伊勢神宮と同じ神明造りの最古のものは、長野県大町市の仁科神明宮の本殿である。それとても寛永十三年（一六三六）の建造だが鰹木に左三つ巴が据えられている。しかし、ここでも左三つ巴を神紋といっていない。この神社は、吾妻鏡、神宮雑書、神鳳鈔などにもみえ、約九百年まえ、皇大神宮にならって、無紋無飾りの神社であるが、当時流行の巴紋をわずかに、鰹木に採用した。

つぎに出雲大社の建築につけられた模様を見よう。

古事記、日本書紀、風土記等にも記されている出雲大社は、伊勢神宮とともに最古、最高の格式をもつ神社であることは周知の事実である。創建は神代までさかのぼることが出来、現在のものは延享元年（一七四四）のものであるが、古式を伝えていることは伊勢神宮とかわりはない。

但し、社家の千家氏に伝わる「出雲大社金輪造営図」では、現在のものよりはるかに巨大なミヤシロで、社伝によれば宝治二年（一二四八）の造替のとき、規模が一まわり小さくなったという。このミヤシロには、甍覆《いらかおおい》をはじめ所々に二重亀甲のうちに剣唐花の神紋がつけられ、伊勢神宮とは別に文様が紋として独立した形態をそなえている。が、他には全面的に模様は少なく、破風の唐草模様や甍おおいの渦巻き模様等をおいては他に見られるものは少ない。これは、やはり古代日本の建築が簡素な美、自然の美を尊ぶ国民性から来たものと思うが、基調は伊勢神宮のカザリとかわらない。

さらに、春日神社と賀茂神社についてみれば、前社は続日本紀や万葉集にもみられ、天平勝宝年間にはすでに存在していたことがわかる。藤原不比等によって創建され、藤原氏の守り神として鹿島、香取両祭神のほかに中臣氏の祖神・天児屋根命を祭るといわれる。

奈良時代の社殿については直接の資料がない。しかし延喜式や貞観儀式などによって、平安前期の様子が大体わかる。それによると、主要社殿はほぼ現在地と同じで、内院、中院、外院にわかれ、外院の西から南北に柴垣がのび、本殿は中院の中央になく、東北にかたよって南面していた。現在の本殿は文久三年（一八六三）の造替のものであるが、古い形式をとどめている。ただし、本殿の階《きざはし》の外側（耳板）には、左三つ巴紋と剣菱模様が描かれ、丹塗りの色調で、素木造りの伊勢神宮などからみると、華やかになっている。これは後世の影響によるものだ。

また、流れ造りの代表的建築物といわれる賀茂神社は、上賀茂神社（賀茂別雷《わけいかづち》神社）と下賀茂神社（賀茂御祖《みおや》神社）とあるが、文武朝から天平初期までは、文献では上賀茂社のみで、下賀茂社が分立したのは天平末から天平勝宝二年までの間（七四〇年代）といわれる。現存の社殿は文久三年造替のもので、丹塗りの鳥居、社殿の唐獅子などには、後世の影響もみられるが、古社の形式を保っていることは前社同様で、上下両社とも一部をのぞき檜皮葺、素木造りの無紋、無模様が守られている。

最古の神社建築

まえにも述べたように、神社は新しいのがよい。神の宿舎として、その霊を請来するのに、「古き屋に迎えるのは失礼だ」というわけだが、じっさいは、伊勢神宮のように二十年ごとにつくりかえるのは大へんなことだ。そこで、熱田神宮のように二十五年にのび、出雲大社のように五十年にのびたりする。だが、これとて、年数通りにおこなわれるとは限らない。やがて不定期になったり沙汰やみになってしまう。

こうして、遷宮がおこなわれないで、そのままのこった神社は、神主や氏子が神への奉仕を怠っているといえば言える。神の座をしつらえず、神の降臨を願わないという理屈がなりたつ。しかし、その古い神社から、学ぶこともできる。

そこで、現存している、神社建築で最古のものをさがすと次の如くである。

一、宇治上神社本殿（宇治市）――平安後期
二、神谷《かんだに》神社本殿（坂出市）――鎌倉初期
三、神魂《かもす》神社本殿（松江市）――吉野初期

法隆寺などの建築から見たら、比較にならないほどあたらしいが、神社の性格上当然である。宇治上神社は「延喜式」の神名帳にもあり、応神天皇、菟道稚郎子《うじのわかいらつこ》、仁徳天皇を祀る。

その本殿は、松皮葺、一間社流れ造りの内殿が三棟で、素木の無装飾、無模様の代表的なものである。もちろん神紋らしきものなどもみつからない。この時代は、すでに神々にも、仏教美術の影響が浸透していたから、どこの神社でもそれを採用したに違いない。だが、宇治上神社においてはかたくななまでに、装飾への拒否的な態度――古式を守る保守主義をはっきりみせつけられる。それからみれば、伊勢神宮本殿に飾られた高欄の玉や錺《かざり》金具などは、古式の伝統を破った革新とさえ言えよう。

宇治上神社の本殿のまえの拝殿も鎌倉期のもので、拝殿としては最古。無装飾、無模様に近いことは同じである。

こんどは、一足とびに香川県に飛んで、神谷神社を拝観しよう。この神社は奥津彦《おきつひこ》命、奥《おき》津《つ》姫《ひめ》命ほか四神を祀る。一二一九年の棟木銘をもち、流れ造りでは宇治上神社の次に古い。平安時代の初期に存在したことは、「三代実録」にも出ている。母屋は円柱、舟肘《ひじ》木とし、庇は角柱、三斗《みつど》組とし、中備などの装飾的な細部をもたない。化粧をしない美しさとはこんなものではなかったろうかと感嘆させられる。

われわれは、ここに古代人の心を見、そこに魅かれるが、さらに出雲に飛んで、松江市の神魂神社にお詣りしよう。栩《とち》葺の大社造りで伊弉諾・伊弉冉神を祀る。本殿は大社造り最古の遺構。明治時代の修理のさい心柱のホゾから正平元年（一三四六）丙戌十一月日との墨書が出た。いまから六百年以上まえ、吉野朝初期だが、天正十年、落雷のぼやのため、翌年一

亀甲に有

部修理した。現在の出雲大社（延享元年、一七四四年建立）よりも約四百年もふるく、大社は改築にこの御社をもととして設計している。

いま、この神魂神社をみると、合掌下についている神社特有の懸魚《けぎょ》（六葉）をのぞいては、神社の外側からは、やはり飾りらしきものはみあたらぬ。無装飾、無模様は、ここでも確実にまもられている。

ところが屋根のテッペン――女千木がそびえている下の棟木に、はじめて「亀甲に有」の字が顕現する。これが、おそらく神紋として棟木にみられる最古のものであろう。その素朴なデザインがなんとも言えぬ歴史のおもさを感じさせる。

社殿に入る。すると様相はたちまちかわる。入口の扉は豪華な彩色によって、平安期の祭典を想わせる神社の舞楽の場面が出現する。さらにすすむと心御柱《しんのみはしら》を中心として天井には、彩雲の間に竜が出没し、四面には樹間にあざやかな花鳥がたわむれる。神社の装飾としてはまことに意表をつく。がこれはやはり後世のものなのだ。

神社最古の建築でさえ、これだから、一般的には、神社は、はやくから無装飾、無模様の時代を棄てたと考えられる。

神紋の萌芽時代

さて、神社は神々の魂を、姿を、声を、ことばを何らかの形で、より具体的にあらわすようになった。元来、こうした欲求は人間本来のものである。庶民は、神さまのお告げだと言っても、それが具象性を持っていなければ、何とも信じられぬ。神が柱を伝わって降臨するといっても、そのシルシがなければならぬ。

神宝、神符、神託なども用いられて、神のみ心は伝えられたが、仏教等の影響もあり神像や曼荼羅等もじょじょに発生し、縁起絵巻、祭神の霊験詞などもうまれた。これは庶民の心にわかりやすく融けこんでいった。

しかし、なんと言っても神の鎮座を端的にあらわすものとしては紋章にしくものはない。神紋は、こうしてうまれた。

神紋が、いつ、だれが、どこでこれをつくったというわけではない。多くは当時の文様や、神具や、社伝や、何らかのゆかりの中から、神のシンボルにふさわしいものを自然とえらんだものである。が、再建の宿命を負う神社建築に、それらの原形を求めることが困難のように、文献に求めることもまた困難であった。自然発生のものだから致し方はないが、多少記録にのこされているものはある。それを二、三述べてみよう。

天慶《てんぎょう》五年（九四二年、平将門《まさかど》の乱が平定された翌々年）三月のある日、近江国比良宮の神主神良種《みわよしたね》の子太郎丸（七歳）に神のお告げがあった。

「われは、菅原道真である。いま、老松と富部の二従者を筑紫から、都にさしつかわす。老松はいたるところに松の種を蒔いていくであろう。この松こそは、ほかならぬわが姿である。京都の右近馬場は、かつてわが宴楽の地である故、われはそこに住まんとおもう。われの到る時には、たちまちにして松林が生ずるであろう」

　このご託宣におどろいた父親の良種は、朝日寺の住職、最鎮等にこのことを語った。ところがご託宣の通り一夜にして数千本の松が生えていたという。そこで、最鎮等は衆と語らい、神殿を建立し、菅公の霊を奉遷した。

　以上は北野天満宮の縁起であるが、松を神紋とするのは、この託宣にもとづくという。時代を考えると天慶は、平安中期だから、それ以後松は名物になり、菅公の御姿として約百年近いあいだに、いつとはなしに天神のシンボルとなったのである。

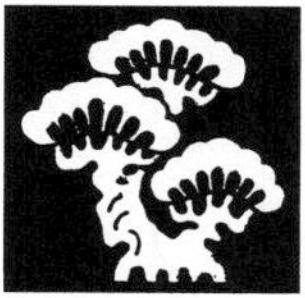

松

　今度は、同じ天満宮の梅紋について考えてみよう。菅公が生前梅を愛好されたことは史上疑いのないこと。「北野天神縁起」によってすでに十一、二歳のころ、

　月曜《かがや》いて晴雪の如く

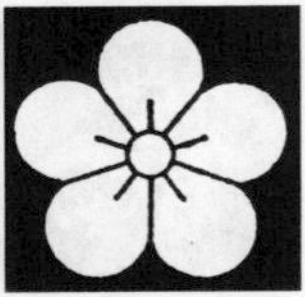
梅花

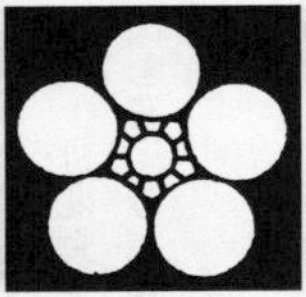
梅鉢

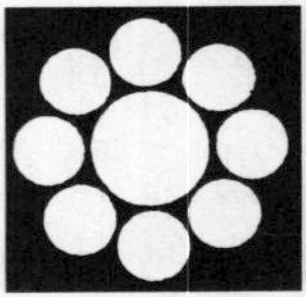
九曜星

　梅花は照星に似たり

とうたい、また書斎も紅梅殿とある。後年筑紫に流されたときも、庭前の梅を見て、

　梅の花ぬしを忘れぬものならば　咲きこん風ぞことづてもせん

と詠じた。

縁起では、この歌から、梅が筑紫に飛来したという。いまでも太宰府天満宮では、飛梅の名木がある。もちろん、これは信じられないが、菅公のシンボルに梅花紋を用いているのは、上述のゆかりによる。

太宰府では主として梅の花そのままを用いているが、「北野天満宮絵詞」では梅鉢《ばち》紋が描かれている。さらに当時の八葉車は九曜星模様がふつうであったが、菅公の車にはとくに梅鉢の模様がつけられている。梅花をデフォルメしたこの梅鉢紋の原形はすでに平安時代の鏡、たとえば、梅花蝶鳥鏡（山形県羽黒山御手洗池出土、東京国立博物館蔵）や梅枝双雀鏡（京都市花背別所経塚出土、福田寺蔵）などにもみられ、平安後期にはなじみの模様だったに違いない。

こうして、梅花紋も梅鉢紋も共用されたが、後世梅鉢紋のほうがはやった。しかし、これらとても多くは神社や菅公との関係に於て用いられたものである。北野天神縁起は鎌倉初期の作だから、すでに平安の末にはこの模様が北野天神のシンボルとして周知のこととなっていたと推せられる。

梅紋も三蓋《さんがい》松紋と同じく平安末には神紋としてあったのである。

さらに、こんどは、梶紋について調べてみよう。

『吾妻鏡』を見ると次のようなことが書かれている。

治承四年（一一八〇）九月十日、甲斐源氏武田太郎信義や一条次郎忠頼らが源頼朝の命によって信濃の平氏を追討せんと出発した。あるとき一人の女がその陣営にまぎれ込んだので、糺すと、「わたくしは諏訪上宮の神主・大祝篤光の妻です」という。よくきくと、

「主人篤光は、源家の再興を祈禱し、三日社殿に参籠しました。すると、その夜、夢枕に梶の葉紋のひたたれをつけ、葦毛の馬にまたがった勇士があらわれ、源氏の者だと言って通りすぎました。これこそは諏訪大明神の示現であります」

梶

この神意を伝えるために主人に代って来たというのである。これでみると平安の末ごろから、すでに梶紋が、諏訪神社の神紋となっていたことがわかる。

つぎにもう一つ例を示せば、熊野大社の神紋は烏である。熊野三山で

熊野烏

熊野三羽烏

行なっている重要な年中行事に「八《や》咫烏《たがらす》神事」というのがある。
　これは本宮で一月七日の夕刻、拝殿に神官が集まり、熊野牛王神璽《ごおうしんじ》と呼ばれる八咫烏の図を松明の上でかざし、宝印をおす儀式である。水を入れた桶に松明がたてかけられると、もえさかる焔が水にうつり、忌《いみ》火《び》（松明の火）に神璽が映えて、まことに古式ゆたかな印象的な神事である。

熊野牛王神璽

　神璽は熊野権現の「み使」といわれる「八咫烏」の姿をいくつも組みあわせたものだが、それが神文（神のことばを書いた判読困難な文字）ともなっている。神武天皇が大和平定に八咫烏の嚮導によったことは有名であるが、烏の神事はこれから来ている。熊野地方では、いまでも烏を神の御使とし、その鳴き声によって吉凶を告げるものと信じている。

　こうした熊野三山の神事は、きわめて古くから行なわれていたに違いなく、熊野詣《もうで》が頻ぱんに行なわれ、全国にその信仰がひろまった平安の後期は、烏牛王神璽《からすごおうしんじ》もなじみあるものとなり、すでに神紋としての意味を持つようになったことは、推するに難くない。

神紋の浸透時代

以上三例でもわかる通り、神紋は平安後期には、すでに成立していたが、鎌倉期になって益々発展した。

ちょうど家紋が一族一党のシンボルとしてその効用を認められ、戦場に旗幟として翻ったころ、神紋も神社の棟木や垂木に、高々と飾られ神威を示す標示となった。

阿蘇神社の神紋は違い鷹の羽であるが、これは鎌倉時代から南北朝にわたって、武名を轟かした菊池氏も用いている。一体、なぜ菊池氏が鷹の羽を用いたかというに、「北肥戦誌」には、阿蘇神社の神託として「則隆は、後三条院の御宇、延久四年（一〇七二）に、肥後菊池郡に下り、子孫代々居住したが、夢じらせがあって神紋の鷹の羽を幕紋に賜わる」とある。これを信ずれば、平安後期となるが、神紋を則隆の時代に賜わったかどうかは疑問である。

「太平記」では菊池武重がこの紋の旗を使っているし、「蒙古襲来絵詞」にも菊池武房が旗紋に用いている。また、阿蘇神社の神官阿蘇氏(国造の後裔)も用いているから、鎌倉時代には、神紋として定着しておったことは、まずまちがいなかろう。

違い鷹の羽

大陸文化の中で、もっとも絢爛たる仏教美術を導入したわれわれの祖先は、奈良時代から、平安時代にかけて、これら異国の美術を生活の中にすこしずつ採り入れて行った。

東大寺や唐招提寺のような寺院がたてられ、仏像が拝されると、宝相華《ほうそうげ》や忍冬文《にんどうもん》とよばれる唐草模様の、花葉と蔓とのつなぎ模様が、ひろまる。花弁や渦巻や波、雲や流水や幾何模様なども変化をきわめる。仏具や仏像や寺院の甍《いらか》や塔柱などにつぎつぎ刻まれると、それらは、呪文のように、われわれにからみつき、あやしい信仰の世界にひきこむ。

それが、さらにわれわれの手によってやわらかい和風の模様に発達していく。改造、新作も行なわれ、亀甲や宝珠、窠文《かもん》や日月、鳳凰や竜などもはやった。有職文《ゆうそくもん》といって、貴族の官服や神社のカザリに用いる独特な模様もうまれた。

中で、もっとも広まり、幅をきかせた原形のパターンが三つある。

一つは、伊勢神宮さえ、その影響をうけている花菱。

二つは、宝相華や有職文などの原形のもとになっている唐草模

唐草模様

様。

三つは、渦巻や、雲気をあらわしているといわれる巴。

花菱紋は、一名唐花菱といって、唐風の——異国風の——模様だけれど、その均整のとれた菱形が四つの花弁模様になって、花芯《しん》にあたる部分が、いろいろに変化する。

花菱は、単独でも用いられたが、木瓜《もっこう》紋や有職文の中にとけこんで、主体的な模様として用いられ、ながく愛好された。

唐草は、模様のつなぎとして、さまざまな変化の妙を発揮し、花になり、つるになり、草になって無限にひろまった。

さらにそれらは、波にも、雲にも、ほのお（炎）にも変化し、やがて、平安後期から鎌倉期にかけて第三の巴に発展した。

唐花も、唐草も異国の模様であるが、巴に至っては、日本人の磨きが加わって、独特に発達したのである。

これらは、家紋にも採用されるとともに、神社にも浸透していった。

菱模様は、お伊勢さまにもカザリ金具につけられるくらいだから好まれた模様であることは

木瓜

有職文

あきらかである。すでに薬師寺の吉祥天女の衣装（奈良後期）に割菱と花菱の原形がみえる。また、平等院（平安後期）の扉止七宝金具にもみえ（剣花菱）、ことに平安期の有職紋には多用されている。これらの異国情緒ゆたかな花菱紋は、たしかに魅力ある模様であったに違いない。

　唐草模様もやはり伊勢神宮の殿戸のへりに飾り金具として付けられている。神威をたかめるための模様として用いたのであろう。これらは、神社建築から、祭具、神像の衣装、御《み》簾《す》、帽額《もこう》にもつけられた。神宮寺などが建てられ、神仏習合の風がすすむにつれてますます発展した。

　巴模様はすでに、その萌芽が、法隆寺五重塔の丸瓦にみられる。しかし、この巴とはいったい何をあらわしているのだろう。

　巴形の原形は、仏像の背光や雲気、流水、渦巻等にみられる。火や水の印と考えられるのはこのためである。しかし、古代人は霊を丸形や形でもあらわす。は曲玉《まがたま》である。この形などから推測すると巴は霊の印とみられたに違いない。すなわち神霊なのだ。神社に用いられたのはこのためである。中でも、均整のとれた三つ巴がもっとも広まった。

　いま、平安後期の作といわれる著名な絵巻ものの中から、後世の神紋または家紋として発展する代表的なものを拾ってみると次の如くである。

「源氏物語絵巻」＝四つ目、割菱、梅花（または六曜）、花角、花菱、亀甲に花角

「扇面写経」＝輪違い、花角、花菱、四つ目、右三つ巴、ほや、三菱、楓、蝶、木瓜、石畳、菊、十字、波
「伴大納言絵詞」＝七曜、八曜、松皮菱、割菱、三つ升、井桁、菊、ほや、花角、七宝つなぎ、左三つ巴、右二つ巴、木瓜、矢羽、竹
これらの模様が鎌倉時代に、神紋や家紋として、華を咲かせたのである。

国中に広まる巴紋

いくさ神ご紋どころは陣太鼓

むかしから軍神である八幡さまのご紋は、あの陣太鼓についている巴紋ときまっている。八幡さまの祭神は、新羅征討で名高い神功皇后とその御子の誉田別尊（応神天皇）。皇后は夫仲哀天皇崩御後は、胎中に誉田別尊を宿しながら、よく三韓を征伐した不世出の皇后。巴紋は、皇后腹中の胎児即ち応神天皇をあらわしているという。八幡さまが軍神としてその後大いに武士に尊崇をうけたことは、女傑皇后の戦勝にあやかってのことである。

とは言え、御子の応神天皇は、論語、千字文などの大陸文化の導入者でもあり、平和国家、文化国家の建設に大いに尽したことも事実。

その八幡宮の総本社は九州大分県の宇佐神宮。もちろん右三つ巴である。その後、京都の石清水八幡宮、鎌倉の鶴岡八幡宮に祭られ、全国二万五千の八幡社は、ほとんどがこの三社の御分社といってよい。

さて、石清水八幡宮については、清和天皇の貞観二年（八六〇）「都に近い石清水男山に移って国家を守れよ」との託宣をうけた僧行教が、宇佐八幡大神を勧請したのにはじまる。また、鎌倉の鶴岡八幡宮は、康平六年源頼義が石清水八幡を鎌倉由比郷鶴岡に勧請し、次いで、治承四年頼朝が小林郷北山の麓に移したのにはじまる。源家の氏祖として、頼朝以来代々将軍家によって崇敬をうけたため、八幡信仰は武家や将軍家をスポンサーとしてますます盛んになった。

これらが、みな巴紋を用いているから、巴紋が全国に広まるのは無理もない。八幡社でなくても、巴紋を一般に神社のシンボルとして用いた。武家時代は、まさに巴紋の時代といえよう。

戦国のころ——

甲斐の国主・武田信玄は、大軍を率いて、相模に攻め入った。甲州路から、相模川を下り破竹のいきおいで、高座郡寒川の部落まで来たとき、全軍はハタと進撃を停止した。

「何ごとぞ」

と、信玄は前方を見やると松林の奥に三つ巴の幟《のぼり》が、風にはためいている。さぐらせると八幡宮があった。

「かまわん！　全軍進発せよ！」

と、命ずる馬の手綱を取って、家老の原大隅《おおすみ》は、

「いけませぬ。八幡宮は、弓矢取る者の守護神です。このまま村に攻め入れば神罰をうけます」

不逞な信玄もしぶしぶ神社に礼拝し、兜を寄進して、後退したという。

この八幡宮は、いまの寒川神社。当時は宮山八幡とよばれて、天保年間の『相模風土記』にも祭神は応神天皇と出ている。代々鎌倉幕府をパトロンとし頼朝、北条氏の崇敬もあつく、相模一宮《いちのみや》として絶大な信仰を集めていた。もちろん、そのころの名称は寒川神社であるが、兵乱がつづき、他国の侵犯を避けるために、八幡宮に改称し、応神天皇を祭ったにすぎない。そのシンボルである「巴」紋をおしたてて、実際に信玄を追いはらった。北条氏政は、このあと信玄を追って、三増峠で大勝しているところをみると、北条氏としても救国の神社であったわけだ。

巴紋は、こんなわけで、霊現あらたかな、八幡さまの護符でもあった。

これで、全国の神社が、いかに「巴」紋をたいせつにし、その紋にあこがれていたかがわかる。ところで、この寒川神社の祭神はほんとうはサムカワヒコとサムカワヒメの二柱だが、大山津見命の子というほか、どういう神さまか古来からわかっていない。

わからないのも無理はない。寒川《さむかわ》（河《が》）はサムガム、相模《サガム》で朝鮮古語の大集落を意味し、サムカワヒコとサムカワヒメはこの朝鮮人の守り神だったのである。

神紋と家紋の合流

神社の境内に石灯籠がしきりにすえられたのは、平安時代であった。これは、パトロンの寄進によるものだ。

元来、灯籠は仏寺に一基そなえ、献灯としての役目をはたすもの。東大寺大仏殿のまえにある金灯籠がその代表的な例だ。仏教輸入当時は、そのしきたりをよく守っていたが、平安時代になると、報恩、菩提、記念、子孫繁栄などを願って、権力者や信仰家が、そのシルシに献上した。だから、灯籠の数で、その寺の隆盛がはかられることにもなる。

中でも、中世において、神領二万一千石に及び、伊勢神宮をしのいだ春日大社は、藤原氏の繁栄を象徴するかのごとく、石灯籠も全国で最大の数——一八〇〇基におよぶ。これが、神前の広場や参道に並ぶさまは、豪儀というほかない。古さも古し、その意義も大きい。

この灯籠の中台の下部に紋章が刻まれている。みると、桐、宝珠、三つ巴、藤巴、上り藤、下り藤、花菱、三重菱、獅子、梅鉢、根笹など、さまざまだ。現在の紋章と多少形が違っているのは古いからである。平安末から、鎌倉期のものもあるが、大体は、室町から江戸期のもの。しかし貴重なものだ。

さらに同じ春日神社の直会殿《なおらいどの》の外側に銅の釣灯籠もある。これも、慶長年間以後のものが多いが、桃山期のものもある。同じような釣灯籠は、北野天満宮の石の間にもみられる。ここにも、菊、葵、三つ星、三階菱、三つ星に一などが、梅鉢紋にまざってみられる。藤紋は春日社の神紋であり、梅鉢紋は天満宮の神紋。また、神紋にまざって、家紋がみられるのは、寄進者の願いをそこに据えこんでいるからであろう。

こうして、神社には、神紋と家紋とが仲よく融け合って、現在までのこっている。このことは、やがてのちに、家紋を神紋に採用し、神紋を家紋に採用することにも発展する。

消長のあるカラス紋

著者は、カラスを飼ったことがあるが、とびきり利巧な鳥で、またじつにかわいい。主人の心をスミのスミまでみぬいているのはおそろしい位だ。ふつうは人家の近くにすんではいるが、鉄砲持などをみれば、すぐ逃げだす。

史上では、昔、神武天皇ご東征のとき、道案内をしたのが有名な八咫烏《やたがらす》。近世でも、農家や神社でカラスを用い、吉凶判断にする。

たとえば農家では正月はじめ、カラスに餅を投げ、食べ方で吉凶を占うし、米をまいて、その啄《つい》ばみ方から、種まきの時期をきめたりする。神社で供物をカラスに与え、やはり神意を正すのが「とりばみ神事」で、これは古くから厳島神社や熱田神宮ほか多くの神社でやっている。

これらは、カラスの利巧なことを古代人が知っていたからである。カラスが霊鳥としてあがめられ、神のみ使となったのは、このためである。いま、カラスを神使としている主な神社は、伊勢神宮、熊野大社、祇園社、三島神社、厳島神社、諏訪神社、住吉神社、弥彦神社等であるが、ほかにも多い。

ことに熊野神社では、カラスを神紋としてこれを用い、神璽《しんじ》にも群鴉《ぐんあ》奉珠《ほうしゅ》の印を用いている。これが「牛王《ごおう》宝印」または「オカラスさん」といって、全国に売りさばかれるお札《ふだ》である。熊野神社は、皇室の崇敬もひとかたではなく、庶民にも熊野信仰が広まり、善男善女のあこがれの聖地であった。それにつれて、「牛王宝印」も争って求められ、普及したのである。江戸時代になると、このお札のうらに誓文を書いたりすることもはやった。

お札の裏書きが誓文になるのは、おもしろい発想で、背かれたものではない。ことに遊女などは、しきりに客と起請《きしょう》誓紙を取りかわし、指先を針でつき血判した。これに背けば、天罰テキメン。熊野のカラスが千羽死ぬといい伝えられた。

近松の『心中天の網島』には、小春、治兵衛がいまわのきわに、

「のう、あれを聞きや、二人を冥途へ迎いの烏、牛王の裏に誓紙一枚書くたびに、熊野の烏

が三羽ずつ死ぬる」

とあるように、熊野のおカラスさんは、いつも誓文の仲だちにされたのである。「烏」を神紋として扱う神社がきわめて多いのはこのためであるが、近世に至って、カラスの神紋は、減少した。熊野神社でも、いまは、あまり用いていない。これは何故か？

カラスに対する近世の感覚が違ってきたのである。なるほどカラスは利巧な鳥である。しかしこの利巧な鳥は、その予言が吉のみならず凶にも適中し、人に忌みきらわれたのである。たとえば、

灸《きゅう》すえる母は烏を追いに出る

という川柳は、長わずらいをしている娘に灸をすえていると、カラスが庭にやって来て鳴くので、あわてて追いちらす――という意であるが、不吉な死神を追い払う心持なのだ。じっさい、死体のあるところにカラスがやって来るということは、母が死んだときに、わたくし自身が経験したことである。屍臭をかぎつけてくるのかもしれないが、縁起をかつぐ者にとってはあまりよい気持ではない。

こうして、価値観が時代によって違ってきたため、いまは、カラス紋は人気がないが、しかしあの頭の大きい濡羽色のカラスを神使とした古代人の心はまちがっていないのである。

稲紋のお稲荷さん

平安貴族に信仰された熊野のオカラスさんや、中世の武士に信仰された八幡さまの巴は、それぞれ時代と階級を反映して、さかえたが、戦国時代を境に、これらに取って代ったのが、お稲荷さんの稲紋であった。

武士道とは死ぬことと見つけたり——とは葉隠れ武士の心得かもしれぬが、庶民大衆は「生きることと見つけたり」で、衣食住の神さま、お稲荷さまを信仰した。

お稲荷さまは、全国に三万社、八幡さまの二万五千社をはるかに上まわること五千社。それも、旧無格社以下を入れていない数。全国十万社の中で、ゆうに三割以上がおイナリサンであることは、おどろくべき事実である。まさに稲紋の天下である。

おイナリサンは、いかめしい社殿ももたず田地、田畑、山林のわきや、庭のすみにまつられる祠《ほこら》が多い。これらの祠は、権力や名誉を望む人たちと違って、その日ぐらしの底辺の庶民や農民の願いとともに生きつづけてきた。ここにおイナリサンの人気の秘密があるのだ。生命にもっとも大切な食料を稲であらわし、「イネ成り」のことばで、社号を言いあらわしているように、おイナリさんは、タダ、タダつつましい現世利益に奉仕した。

だから、国家鎮護とか、源氏一族の氏神とか、さらに又戦勝祈願の目的などはない。京都の伏見稲荷でさえ、熊野神社のように百回以上も行幸、御幸《ごこう》を仰いだということもきかぬ。皇位継承の問題で宇佐八幡のように神意を正す——というような使命もない。

さらに武将は稲荷紋を戦場に翻すこともなかったから、その紋の発生さえも近世になってからなのだ。

また、おイナリさんには、神領さえもほとんどない。あれば、それを守る私兵が生ずる。この私兵が、かならず戦争にまきこまれるのは、歴史の必然といえよう。

総本社伏見稲荷についても、私闘の記録はきかない。

ただ一度『応仁記』を見ると伏見稲荷の社家羽倉氏を、京都所司代目付役、骨皮《ほねかわ》左衛門がひっぱり出して稲荷山上の社に陣取らせたことがある。しかし、骨皮勢は山名勢にさんざんたたかれ、主将の骨皮サンは屁ぴり腰で女の輿《こし》に乗って逃げようとするところを討ち取られた。社家の羽倉氏一族は、さっさ引あげ知らぬ顔の半兵衛。山名勢も、おイナリさんには、すこしも乱暴をはたらいていないし、敵意ももたなかった。

こんなわけで、おイナリさんは、戦いには冷淡なのだ。

赤い鳥居の両わきに神使の狐をひかえさせ、稲紋の幟《のぼり》をたくさん打立てても、戦場におイナリさんの幟はあがらない。

変り抱き稲丸

桜と橘の重ね紋

織田瓜

三つ引両

羽団扇

神紋の併用と変転

神紋は時代により事情により変転することがある。また、家紋同様に正式、略式つかいわけることもある。さらに文様的に時と場所とによって置きかえて、変化の美をもたせることもある。

群馬県の妙義神社では、後醍醐天皇に奉仕した権大納言長親卿のゆかりで、十六弁八重菊を、また加賀前田公の崇敬社として、丸に梅鉢紋を、山嶽信仰による天狗の羽うちわ紋を、さらに三浦氏の関係から三つ引両紋を用いてもいるが、とくにこの四つに軽重をつけているわけではない。ただ、時と場所とによって多少使いわけてはいる。

堺市の方違神社では本来右三つ巴を用いているが、五瓜の木瓜も用いる。これは、京都の八坂神社と同じであるが、この二つの紋を一部重ねて、一つの紋をつくってもいる。京都の平安神宮が桜と橘とを用いるほか、やはり二紋を重ねて用いている。これらも新古の別はない。

ところが東京都佃島にある住吉神社では、鷺紋と三つ星を用いているが、鷺紋を正紋、三つ星紋を副紋としている。

左三つ巴

尾長巴

千葉県市川市の葛飾八幡宮や神戸市の駒林神社では、中心に右三つ巴をおいた十六弁菊花紋を用いているが、これは、はじめ巴があって、のち、菊花の中心に巴をおいたに違いない。すなわち巴紋が原形で、古いカタチなのである。京都八坂神社の神紋をみると同じ巴で古いのは頭が小さく尾が長い。それが後に、だんだん頭がふくらみ尾がみじかく図形が変化して来た。おまけに右巴のほかに左巴も用い出した。これらは明らかに、トモエの形の新古と、その変遷を物語る。

熱田神宮では桐竹紋を用いているが、これらは、はじめ1のような単純な形から、だんだん2、3、4と複雑なカタチにみがかれて行ったに違いない。

1
2
3
4

桐竹紋（熱田神宮）

松紋（北野神社）　有字紋（神魂神社）

神魂《かもす》神社をみても亀甲に有字が1～4というふうに変遷して行った。北野神社も同様で単純から複雑へ、素朴から精錬された形へと変遷して行ったに違いない。神紋は、こんな具合に一種に固定しているものではない。また形もすこしずつ進化して行くものである。神紋も時代の影響をこうむり同系統の紋でも、変化するのである。

菊紋の普及

菊紋は、もと皇室のご紋章だということはだれでも知っている。戦前の方なら十六弁の菊花が天皇家の紋で、われわれはやたらに扱うことは出来ないことを知ってはいるが、いまの若者は、そんなことにこだわらない。

これは「イカス」となれば、ワッペンや、アクセサリー等に用いて、すこしもはばかるところがない。時代がかわったのだ。

ところが、神社でも、この菊花紋を多く用いている。これは、いったいどうしたことであろう。皇室の紋章だから、最高の尊貴と権威を持っていて、やたらに使用はゆるされなかったはず。これが、普及したのは明治以後なのである。

もちろん、江戸期以前にもあるにはあった。天保八年の『雲上明覧《うんじょうめいらん》』をみると、お寺でも仁和寺、大覚寺、聖護院、曼殊院等、京都を中心とする三十三寺院で用いられているし、公家でも、水無瀬、七条、町尻、桜井、山井、広幡家等は十六弁裏菊を使用している。これらは、皇室と特別のゆかりにより使用を認められたものだが、神社でも、伊勢神宮、宇佐八幡宮、上下の賀茂神社などは、特許されていたのである。

しかし、なんといっても日本最高の権威ある菊花紋は、武家時代にしばしば僭用《せんよう》され、その権威にあやかろうとする神社、仏閣も多かった。地方豪族の中にも、そういう者もいて、家紋に盗用した。それ故、菊花紋は、じっさいにはかなり広まっていたろう。

明治二年（一八六九）、太政官布告が発せられた。神社では、上述四社以外は一切その使用は禁止である。さらに二年後の明治四年には、これらの四社に於ても菊紋は禁止され、皇族以外は菊紋は用いられなくなった。伊勢神宮においてさえ、菊紋の使用ははばかられたのである。

ところが、明治十二年三たび改令があり、官国幣社では、一般にこれを用いてもよいということになった。官国幣社は、あらそって在来の神紋をこれに変え、または、併用するなどの方法で、菊花紋を使用することになった。

さらに、それら以外の神社といえども拘束力が弱くなったところから、記念に使用する社寺も多かった。終戦後新憲法が発布されると、太政官令が無効となり、菊花紋の普及はさらにすすめられた。

現在、宮内庁では、十二弁から、二十四弁の菊花紋の使用は、一般には遠慮してほしいと述べているが、国の長い伝統のもとに生きてきた菊紋の使用は、法的な見解からばかりでなく、国民の感情という面からもやたらに使用すべきでない。

二の鳥居

神紋各説

はじめに

前説で、神紋のあらましについてご説明申しあげたが、さらに、個々の神紋と神社についてもうすこし精しく述べてみたい。

採りあげる神紋の数は、おおよそ百二十種約十万社の中からみれば、その一部にすぎないが、それでも神紋の大半は、この中に含まれる。

多くは、社伝や古老等の言い伝えがあるが、記録はすくない。神官でも、自社神紋等の曰くについて不明というものが多い。それ故、こうした小書がきっかけで、もうすこし関心をもって頂けたらさいわいである。

「二の鳥居」をくぐるまえに、調査方法と社格、さらに巴紋について、一応の説明をつけ加える。神紋の名称については神社からの報告に従ってそのままの用字を用いた。

社格と神紋の調査方法

社格とは神社についてのランクだが、終戦後は、こんな格づけはなにもない。昭和二十年（一九四五）に神道指令が出てからは、神社は国家管理をはなれた宗教になったからである。ただ、十万社以上もある神社について、てんでんばらばらでは困ることが多い。そこで神社本庁がつくられ、包括的に神社の維持運営をはかることにしている。ここに所属している神社は、別表神社として、登録されているが、社格ではない。

ところが、終戦前には、はっきりとした格づけがあって、主として皇室崇敬の厚い官幣社（この中には大、中、小と三ランクがある）と地方崇敬の中心となっている国幣社（これも、大、中、小の三ランクにわかれる）及び諸社（府、県、郷社等）にわけられ、その下に村社、無格社などのランクをたてた。さらに、官幣小社に準じて別格官幣社というランクをつくり国家の功臣の霊を祭った。

官・国幣社は、中央政府から、また諸社、村社、無格社には地方庁から、それぞれ神饌幣帛料が奉られた。

拙著に記載した旧社格というのがこれである。一応戦前のランク付を参考のために示したわけだが、社格が低いからといって、その神社が、とくにどうというわけではない。たとえば宇治市の宇治上神社などは延喜式の神名帳にもみえ、日本最古の神社建築であり、国宝建造物もあるくらいであるから名社には違いない。旧社格は村社である。従ってランク付というのは一応の目やすと思って頂けばよい。

こんな社格がなぜ明治以後（明治四年の太政官布告により制立）出来たかと言えば、平安時代の中ごろ（延喜年中）成立した延喜式という国法の施行細則に則っているからである。

これをみると精しい社格のきまりがあるが、当時約三万社と推定される神社のうち、二八六一社（三一三二座）がとくに神名帳（官社帳、官帳）に登録され、延喜式内社（略して式内社又は式社という）として、尊崇をうけていたことがわかる。

この中に、すでに官幣社（神祇官が直接奉幣）と国幣社（国司が神祇官にかわって、奉幣）と大、小の区別があり、ともに官社とよんでいた。これが明治以後の社格のもとになっているのである。従って式内社とは、いまから、千年以上まえにもすでに存在していた社で、ずいぶん古いことがわかる。

また、平安中期以後、二十二社、諸国一宮、総社および国内神名帳所載社等の名称で呼ばれる神社もある。二十二社とは近畿地区とその周辺の皇室奉幣の大社の二十二社を指し、一宮とは、その国で国司が第一に崇敬する社をいう。総社（惣社）とは、事務の簡素化のため国司崇敬の神社を、一社に統合して奉幣した神社のことである。こんなぐあいに、むかしから神社は、いろいろなランクや区別があるが、伊勢神宮はこれら社格の上にある。

参考のために、終戦当時の社格別神社を示すと次の通り。

官幣大社	六二
〃 中社	二六
〃 小社	五

別格官幣社	二八
国幣大社	六
〃中社	四七
〃小社	四四
小計	二一八社
府県社	一、一四八
郷社	三、六三三
村社	四四、九三四
無格社	五九、九九七
合計	一〇九、七一二社

この中には登録不能の小祠はふくまれず、樺太（サハリン）、朝鮮、台湾、南洋などの海外社約八〇〇は算入されている。さらに神社本庁に属しているのは、この中で八六、一五七社である。

わたくしの神紋調査は旧村社、無格社以下の小祠等を除く全国の著名な神社のすべてに亙っている。

即ち旧官国幣大、中、小社、別格官幣社、道府県社、郷社、各県等の護国神社がその対象であるが、神紋二個以上持っているばあいは二社と数えたので、神社の総数は延数となる。

調査した神社の延総数　四、八二七社
うち未回答と未詳の神社数　一、五四二社
実際に調査した延神社数　三、二八五社
（巻末の神紋都道府県別分類一覧表参照）

旧無格社、村社等を含めると約十万社という尨大な数になるので、悉皆調査はむずかしいが、以上の三、二八五社で神紋の大勢はつかむことが出来る。但し必要なばあいは、村社、無格社等ももちろん調査の対象に入れた。

あべこべの巴紋

巴紋は、右まわり、左まわりによって右巴又は左巴と区別する。また、巴の数によって二つ頭《かしら》と三つ頭（頭という字を略して数字だけのこともある）という。時計の針が右にまわるように巴の頭から右にまわれば（要するにオタマジャクシが右に向ってまわるようにまわれば）右巴であり、その反対にまわれば左巴である。むかしは、この呼称で、まちがいはなかったが、いつの頃か誤称してしまった。

たとえば、万治元年（一六五八）の武鑑では、九鬼式部少輔は右三つ巴を左巴と称している し、板倉主水正も同様右三つ巴を左巴と記してある。宝暦十二年（一七六二）版の定紋帳をみても左右の呼称はあべこべだ。江戸時代はすでにこうなっていたに違いない。

それ以前足利時代の作とみられる紋帳『見聞諸家紋』にも宇都宮氏は三頭左巴を右と記し、小山、結城、土肥、山下、沼田氏は三頭右巴を左としている。

ところが、『宇都宮系図』朝綱の条には、

鎌倉右大将家時、左陣当家幕、左巴三頭、右陣小山某、紋右巴二頭。

と記してあるので、宇都宮氏は鎌倉時代初頭から三頭左巴を家紋に使用し、小山氏は右巴を使用していたことになる。その理由は、頼朝の左陣、右陣をうけもったという故事からきている。

これはふるく、『四天王寺聖霊絵巻』の紋をみても舞楽の太鼓模様は右二つ巴が右側に、左三つ巴は左側にあり、法隆寺所蔵の大太鼓の皮録に「右方、御楽器司、願主兵助」とあり、三つ左巴の紋のあるほうには「左方太鼓」とある。

従って、左右の呼称は、足利時代にはすでに誤用されていたことになるが、現在の神社では、ほとんど誤称のままで通用している。従って、神社から報告のあった巴の左右は反対に受取らざるを得ない。しかし、いちいち、こちらで、訂正するのもなんだから、報告のままに表には記入した。読者は、この点を了とされたい。

なお、巻末の「神紋都道府県別分類一覧表」は、神紋のまとめに役立つと思って、つくってみた。ご利用いただきたい。

巴紋——神紋の王者

日本中、どこの神社にお参りしてもオタマジャクシが三匹、鉢《はち》あわせしたような巴紋にお目にかかる——別図の「巴紋の分布」をごらん頂ければ、おわかりとおもうが、北は北海道のはてから、南は沖縄まで、ほとんどくまなく巴紋はゆきわたっている。その割合は、旧郷社以上では神社総数の約三十パーセント以上に及ぶ。大部分は右三つ巴であるが、旧村社、無格社まで入れるとパーセントは益々増大する。それほど、巴紋は多くの神社の神紋になっている。

まさに、日本の神社は、トモエをもって代表されるといってもいいだろう。

そんなに広まっているトモエ紋とは、なにを意味しているのだろう。まずもって、トモエの形がすばらしい。あの形は、行雲流水を象ったものともいうし、渦巻の図案化したともいう。勾玉《まがたま》の変形ともいうし、胎児の姿ともいう。しかし、そうした解釈について、はっきり断定出来るものではないが、『本朝文粋』一〇に、「水成㆓巴字㆒」とあり、『古今著聞集』一三には、慈鎮和尚が寄㆑水懐旧の歌に、

茨城・鹿島神宮
（右三つ巴）

巴紋の分布
(旧社格県府社以上)

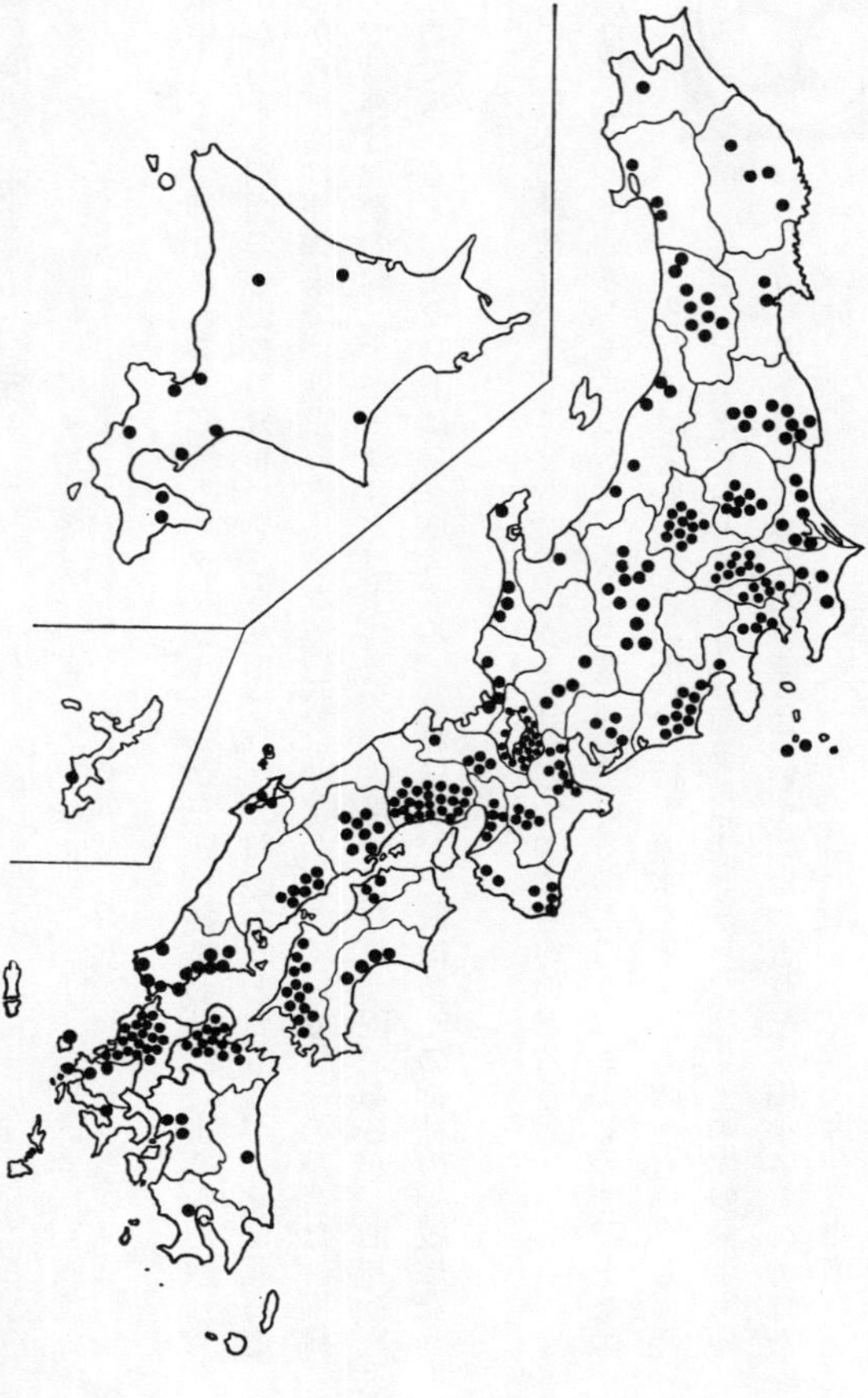

思い出てねをのみぞなく行水に書きし巴《は》の字の春の夜の夢

とあり、巴を水とみたことは、たしかである。『運歩色葉集』には巴のかわりに⿰淼儿の字を当てているが、これも「淼《ひょう》」が、広々とした水のさまで、儿は動作をあらわし、合わせて、流水を意味する。しかし一方、回（稲光・雷紋）の変形ともみられたことは、太鼓に描くことからも推測される。イナビカリのもとは火であるから、水とまったく違った解釈になる。こうした水火の根元は何かと考えれば、天地の自然現象を司る神にほかならないから、神をあらわすシルシとしたのであろう。思えばこれほど適切なシルシはない。

元来、古代人は、字を書くより絵であらわすことを好んだ。しかし、略図であらわすといっても、動植物や造形のように、神や魂をカンタンに形であらわすことは出来ない。ところが、神や魂の霊妙な作用とその威力は、肌身にじかに感じていたから、なんらかの方法でそれを表わしたかったに違いない。ちょうど、古代人が描いていた流水、雲気などが、大陸文化の到来とともに、だんだん完成された形となって広まり、平安期の末では巴紋の大流行をみるまでに至った。その不思議な形が、なにかふつうの模様にみられない犯し難い威力をあらわしているので、やがて神のましまず聖域に多く用いられるようになったに違いない。

もちろん、家紋としても、西園寺家や宇都宮氏などの名家も用いているが、後世は、あま

千葉・香取神宮
（右三つ巴）

神奈川・寒川神社
（なめくじ巴）

石川・気多神社
（右三つ細巴）

京都・八坂神社
（右三つ巴）

り広まらない。これは、神紋としての巴に敬意を表して、遠慮したものであろう。こうして巴紋は、だんだん神社専用の紋となったのである。

トモエは、ふつう巴の字を用いるが、これは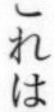の形が巴の字に似ているから、借りた字にすぎない。巴の字は中国では、虫や蛇などのとぐろ巻いてる姿だから、それから渦巻のイメージも出た。しかし、日本では、弓を射るとき左手（弓手《ゆんで》）につける弦よけの革具——鞆《とも》をあらわしている。この模様は鞆のカタチに似てるので、鞆絵といった古代人の頓智から出たのである。

巴紋使用の神社の大部分は、右三つ巴である。模様としての巴がもっとも均整のとれた形になって、この三つ巴に落着いたためであろう。まれに左右の三つ巴を共用している神社もある（岡山・中山神社、栃木・唐沢山神社、京都・八坂神社等）。また、兵庫県の大石神社、宮崎県の米良神社のように二つ巴や一つ巴もあるが、こうした神紋はきわめて少ない。大石神社は、祭神の大石良雄の家紋から来ており、米良神社は、大山住大神を当地に祭った山法師の家紋と伝えられる。岡山県の八重籬神社では菊巴であるが、これは十六弁八重菊をう

福岡・愛宕神社
（向い巴）

山口・住吉神社
（水巴）

山口・都濃八幡宮
（左一つ巴）

京都・大石神社
（左二つ巴）

すくぼかし、その上に中心よりすこし離れた頭の巴が三個右まわりになっている。この紋も少ない。が、当社の正紋は祭神の板倉勝重公の家紋・右九曜巴である。このように、権威をそえたりするために、のちに菊紋を重ねたり、菊紋の蕊に巴を入れたりすることもあった。さらに、流れ巴、細《ほそ》巴、尾長巴などといって小頭長尾の巴もあり、頭の先がとがっていて、ナメクジのようにみえるので、蛞蝓《なめくじ》巴というのもある。ふつう巴紋といえば、三つ頭右巴のことを指す。

トモエ紋は、本来は八幡宮の神紋である。八幡宮は弓矢八幡などとも言って、武神であるが、八幡太郎義家などと称する武将もいる通り、源家ではことに八幡宮を尊信した。平安末期から源氏が、戦いには八幡大菩薩に祈って出陣することは通例になったのである。これは祭神の神功皇后、その御子応神天皇の武威の業績にあやかるものであるが、当時好まれた巴模様は、これらの神社建築にカザリとして採用され、やがて魔除け、お守りのシルシとして信じられるようになってきたのである。さらに、防火の意味もあって、神社では、しきりに、この紋を屋根瓦に、くぎ隠しに、灯籠に、天井に、幕に、棟木に……要することにいろいろなところにつけた。ことに関東の武士は、宇佐八

大分・宇佐神宮
（右三つ尾長巴）

幡、石清水八幡、鶴岡八幡宮を自国に勧請して、武威のシルシとした。さらに、この威力にあやかった他の神社も、まけずにトモエ紋を建築その他に採用して、やがて、トモエ紋の天下がおとずれてきたのである。現在もその魅力はおとろえないところをみせつけられるのは、トモエとよぶ子供の名まえが多いのでもわかる。

■巴紋使用神社

北海道	函館八幡宮	左三つ巴
	十勝神社	左三つ巴
	岩内《いわない》神社	左三つ巴
	余市《よいち》神社	左三つ巴
	住吉神社	三つ巴
	北見神社	三つ巴
	深川神社	巴
	室蘭八幡宮	左三つ巴
	鷹栖神社	巴
	樽前山《たるまえさん》神社	三つ巴
青　森	弘前八幡宮	左三つ巴
岩　手	駒形神社	左三つ巴
	竹駒神社	巴
	鎮守府八幡	左三つ巴
	盛岡八幡宮	三つ巴
宮　城	登米《とよま》神社	左巴三巻
	零羊崎《ひつじのさき》神社	左三つ巴
秋　田	日吉《ひよし》神社	右三つ巴
	日吉八幡《ひよしはちまん》神社	左三つ巴
	総社《そうしゃ》神社	左三つ巴
山　形	月山《がつさん》神社	左三つ巴
	出羽《いでは》神社	左三つ巴
	湯殿山《ゆとのやま》神社	左三つ巴
	谷地八幡宮	左巴
	湯殿山神社	左巴
	日枝《ひえ》神社	左三つ巴
	小物忌《おものいみ》神社	三つ巴
	熊野《くまぬ》神社	十四菊花芯 左三巴

栃木	神明宮	左三つ巴
群馬	一之宮貫前《ぬきさき》神社	巴
	榛名神社	左三つ巴
	上野総社《そうしや》神社	三つ巴
	玉村八幡宮	右三つ巴
	八幡宮	右三つ巴
	生品《いくしな》神社	三つ巴
	伊香保神社	左三巴
	榛名神社	三つ巴
	熊野神社	左三つ巴
	高崎神社	左巴
埼玉	神明神社	巴
	高城《たかぎ》神社	三つ巴
	久伊豆《ひさいず》神社	三つ巴
	三芳野《みよしの》神社	巴
	川口神社	左巴
	玉敷《たましき》神社	巴
	川越氷川神社	巴
	鷲宮《わしみや》神社	左三つ巴
	調《つき》神社	菊の紋の中に巴
千葉	香取神宮	三頭左巴
	玉前《たまさき》神社	左三つ巴
	葛飾《かつしか》八幡宮	菊花の芯に左三巴
東京	大国魂《おおくにたま》神社	三つ巴
	芝大神宮	左三つ巴
	富岡八幡宮	巴
	物忌奈《ものいみな》命《みこと》神社	左三つ巴
山形	寒河江《さがえ》八幡神社	左三つ巴
	熊野《くまぬ》神社	左三つ巴
	烏帽子山八幡宮	三つ巴
福島	伊佐須美《いさすみ》神社	右巴
	子鍬倉稲荷《こくわくらいなり》神社	三つ巴
	安達太良《あだたら》神社	巴
	熊野《くまぬ》神社	左二つ巴
	福島稲荷神社	左巴
	温泉《ゆの》神社	左三つ巴
	鹿島神社	左三つ巴
	桙衝《ほこつき》神社	左三つ巴
	飯野八幡宮	左三つ巴
	安積国《あさかくに》造《みやつこ》神社	巴
茨城	鹿島神宮	左三つ巴
	大洗磯前《いそさき》神社	三つ巴
	鹿島神社	右三つ巴
	息栖《いきす》神社	巴
	健田須賀《たけだすが》神社	左三つ巴
	西金砂神社	左三つ巴
栃木	二荒山《ふたらさん》神社	左巴
	二荒山神社	左三つ巴
	唐沢山《からさわやま》神社	左三つ巴
	大平山《おおひらやま》神社	三つ巴
	大前《おおさき》神社	巴
	今宮神社	左三つ巴
	大神《おおみわ》神社	二つ巴

長野	健御名方富《たけみなかたとみの》命彦神別《みことひこかみわけ》神社	三つ巴
	鉾持神社	左三つ巴
	山家《やまが》神社	左三つ巴
	武水別《たけみなわけ》神社	左三つ巴
	筑摩神社	三つ巴
岐阜	南宮《なんぐう》神社	三巴
	恵那《えな》神社	三つ巴
	日吉《ひえ》神社	左三つ巴
	三輪神社	巴
静岡	小国《おくに》神社	三つ巴
	曾許乃御立《そこのみたて》神社	巴
	天宮神社	左三つ巴
	小笠《おかさ》神社	三つ巴
	小梳《おぐし》神社	三つ巴
	蒲《かば》神明宮	右三つ巴
	事任《ことのまち》八幡宮	三つ巴
	日枝神社	左三つ巴
	焼津神社	三つ巴
	府《ふ》八幡宮	左三つ巴
	三熊野《みくまの》神社	丁字巴
愛知	猿投《さな》神社	左三つ巴
	針綱神社	三つ巴
	石座《いわくら》神社	二つ巴
	安久美神戸《あくみかんべ》神明神社	左三つ巴
三重	敢国《あえのくに》神社	流れ巴
	結城《ゆうき》神社	左三つ巴
東京	阿波命《あわのみこと》神社	左三つ巴
	神田神社	流れ三つ巴
	氷川神社	三つ巴
	根津神社	万字巴
神奈川	寒川《さむかわ》神社	三つ巴
	鶴岡八幡宮	三つ巴
	寒田《さむた》神社	三つ巴
	松原神社	左三つ巴
新潟	魚沼神社	左三つ巴
	石船《いわふね》神社	三つ巴
	西奈弥羽黒《せなみはぐろ》神社	左三巴
	江野神社	三つ巴
	白山《はくさん》神社	左三つ巴
富山	鵜坂《うさか》神社	右三つ巴
石川	藤塚神社	右巴
	出城《でしろ》八幡宮	左三つ巴
	石浦神社	左巴
	重蔵神社	左三つ巴
福井	気比《けひ》神宮	右三つ巴
	八幡神社	巴
	常宮《つねのみや》神社	巴
	神明社	三つ巴
長野	若一王子《わかいちおうじ》神社	巴
	熊野皇大神社	右三つ巴
	小坂《こざか》神社	巴
	墨坂神社	巴
	鳩ヶ嶺八幡宮	三つ巴
	矢彦神社	左三つ巴

京都	石清水《いわしみず》八幡宮	左三つ巴
	籠《この》神社	左三つ巴
	大石神社	左二つ巴
	大原神社	左三つ巴
	愛宕《あたご》神社	二円内右三つ巴
大阪	百舌鳥《もず》神社	三つ巴
	誉田《ほむだ》八幡宮	巴
	日根《ひね》神社	丸に左三巴
	御霊《ごりよう》神社	左三つ巴
	聖《ひじり》神社	左三つ巴
兵庫	魚吹《うおふき》八幡神社	右三つ巴
	住吉神社	巴
	八幡神社	流れ三つ巴
	佐地《さち》神社	三つ巴
	大生部《おおいくべ》兵主《ひようず》神社	三つ巴
	八幡神社	三つ巴
	諸杉《もろすぎ》神社	右三つ巴
	伊尼《いち》神社	三つ巴
	八幡神社	三つ巴
	黒野神社	三つ巴
	射楯《いだて》兵主《ひようず》神社	左三つ巴
	日吉神社	左三つ巴
	八幡神社	三つ巴
	林神社	左三つ巴
	兵主《ひようず》神社	左三つ巴
	正八幡神社	左三つ巴
	垣田神社	三つ巴
	天満《てんま》神社	三つ巴
三重	都波岐奈加等《つばきなかと》神社	巴
	佐那《さな》神社	左巴
	椿大神社《つばきおおかみやしろ》	三つ巴
	陽夫多《やぶた》神社	三つ巴
	鳥出神社	三つ巴
	箕曲《みのわ》中松原《なかまつばら》神社	右三つ巴
滋賀	多賀大社	左三つ巴
	水口神社	左三つ巴
	印岐志呂《いきしろ》神社	三つ巴
	下新川《しもにいかわ》神社	太鼓
	小津《おづ》神社	三つ巴
	押立《おしたて》神社	三つ巴
	乎加《おか》神社	巴
	神田神社	丸に左三つ巴
	山田神社	左三つ巴
	日牟礼《ひむれ》八幡宮	左三つ巴
	白鬚《しらひげ》神社	左三つ巴
	軽野神社	左巴
	意富布良《おおふら》神社	三頭左巴
	阿自岐《あじき》神社	左巴
	胡宮《このみや》神社	巴
	千代神社	左巴
	長浜八幡宮	左流れ巴
	長等《ながら》神社	細巴
	豊満《とよみつ》神社	左三つ巴
	日撫《ひなで》神社	巴
京都	八坂神社	右三つ巴

岡　山	徳守《とくもり》神社	左三つ巴
	木山神社	左三つ巴
広　島	沼名前《ぬなくま》神社	三つ巴
	糸崎神社	右巴
	素盞嗚《すさのう》神社	左三つ巴
	延広《のぶひろ》八幡神社	左三つ巴
	野上八幡神社	左三つ巴
	天別豊姫《あまつわけとよひめ》神社	左三つ巴
	和賀《わか》神社	右三つ巴
	高諸《たかもろ》神社	三つ巴
山　口	住吉神社	水巴
	石城《いわき》神社	三つ巴
	八幡宮	一つ巴
	飯山《いいやま》八幡宮	左三つ巴
	山崎八幡宮	三つ巴
	琴崎八幡宮	左三つ巴
	遠石《とおいし》八幡宮	左巴
	住吉神社	三つ巴
	清末《きよすえ》八幡宮	巴
	岩隈《いわくま》八幡宮	巴
	南方《みなみかた》八幡宮	三つ巴
香　川	石清尾《いわしお》八幡神社	三つ巴
	宇夫階《うぶしな》神社	三つ巴
	大麻《おおさ》神社	三つ巴
愛　媛	日尾八幡《ひおはちまん》神社	三つ巴
	八幡神社	三つ巴
	雄郡《おくり》神社	巴
	綾延《あやのべ》神社	三つ巴
	伊佐爾波《いさにわ》神社	巴
兵　庫	生石《おおしこ》神社	左三つ巴
	八幡宮	左三つ巴
	赤穂大石神社	右二つ巴
	阿宗《あそ》神社	三つ巴
	八幡神社	三つ巴
奈　良	丹生川上《にふかわかみ》神社下社	左三つ巴
	大神《おおみわ》神社	三つ巴
	丹生川上神社上社	左三つ巴
	等禰《とみ》神社	左三つ巴
	都祁水分《つげみくまり》神社	三つ巴
和歌山	丹生都比売《にぶつひめ》神社	三つ巴
	熊野本宮《ほんぐう》大社	左三つ巴
	熊野速玉《はやたま》大社	左巴
	熊野那智大社	菊巴
	鞆淵八幡神社	左巴
	志磨神社	三つ巴
	野上八幡神社	三つ巴
島　根	天健金草《あまたけかなかや》神社	左三つ巴
	富田《とだ》八幡宮	左三つ巴
	田原神社	三つ巴
	須衛都久《すえつく》神社	三つ巴
岡　山	中山神社	三頭左右巴
	吉川八幡宮	左巴
	高田神社	三つ巴
	阿智神社	左三つ巴
	宗形神社	三つ巴
	諾《なぎ》神社	左三つ巴

福　岡	篠崎八幡神社	巴
	到津《いたつ》八幡神社	左三つ巴
	伊勢天照御祖《あまてらすみおや》神社	三つ巴
	納祖《のうそ》八幡宮	三つ巴
佐　賀	千栗《ちぐり》八幡宮	左巴
	鏡神社	三つ巴
長　崎	住吉神社	三つ巴
	宗像神社	左三つ巴
	亀山八幡宮	左巴
熊　本	北岡神社	左三つ巴
	住吉神社	三つ巴
	代継《よつぎ》宮	左三つ巴
大　分	宇佐神宮	左三つ巴
	深山八幡社	左三つ巴
	若宮八幡社	左三つ巴
	赤八幡社	左三つ巴
	上津《あげつ》神社	左巴
	別宮《べつぐう》社	三つ巴
	若宮八幡神社	巴
	八幡朝見神社	左巴
	五所《ごしよ》社	巴
	若宮八幡宮	巴
	若八幡神社	三つ巴
	奈多《なだ》宮神社	左三つ巴
宮　崎	今山《いまやま》八幡神社	三つ巴
鹿児島	八幡神社	左巴
沖　縄	波上宮《なみのうえぐう》	左三つ巴
愛　媛	八幡神社	三つ巴
	高知八幡	三つ巴
	宇和津彦《うわつひこ》神社	三つ巴
	八幡神社	巴
	石清水八幡神社	左三つ巴
	八幡神社	左三つ巴
	国津比古命《くにつひこのみこと》神社	右三つ巴
	宇都宮神社	三つ巴
高　知	土佐神社	巴
	八幡宮	三つ巴
	八幡宮	右三つ巴
	若宮八幡宮	流巴
福　岡	筥崎《はこざき》宮	三つ巴
	香椎《かしい》宮	三つ巴
	住吉神社	尾長左流三つ巴
	志賀海《しがわた》神社	左三つ巴
	八幡神社	左三つ巴
	鳥飼《とりかい》八幡宮	三つ巴
	甲宗《こうそう》八幡神社	左三つ巴
	宇美《うみ》八幡宮	左巴
	八幡神社	三つ巴
	枝光八幡宮	左三つ巴
	光雲《こううん》神社	藤の巴
	紅葉《こうよう》八幡宮	三つ巴
	豊山八幡神社	尾長三つ巴
	大己貴《おおなむち》神社	三つ巴
	織幡《おりはた》神社	三つ巴

菊紋——皇室の御《み》しるし

東京・靖国神社（十六八重菊のうち山桜）

茨城・酒列磯前神社（菱菊）

青森・岩木山神社（牡丹野菊）

菊紋は皇室のご紋章である。明治以前は、皇室と特殊の関係がある神社のほかは、その使用は禁じられていた。それゆえ、菊紋使用の神社は数えるほどしかない。伊勢、宇佐八幡、上下賀茂の四社などがこれであるが、このほか、後鳥羽天皇、土御門天皇、順徳天皇などをお祭りしている大阪の水無瀬《みなせ》宮などはむかしから十六複弁の菊紋を使用している。これは、水無瀬氏が、藤原信輔の四男水無瀬親信から出ており、後鳥羽院からとくに菊紋の使用を認められたためであろう。また祭神が後鳥羽院ほか二柱の天皇だから神紋に菊紋を使用するのも当然と言えよう。

こうして、江戸時代以前も、菊紋使用の神社はあるにはあった。

しかし、きゅうに菊花紋がふえたのは、明治十二年（一八七九）五月、官国幣社一般にこれを使用することを許してからである。以前すでに他の神紋を用いていた神社も、これによって神紋を菊花紋

千葉・小御門神社
（双葉菊花）

岡山・神根神社
（菊菱）

兵庫・湊川神社
大阪・四条畷神社
（菊水）

神奈川・箱根神社
（三つ割菊）

に改めたところが多い。日本最高のご紋章だから、神威をたかめるために、菊紋にかえたのである。さらに、旧県社以下の神社でも、なんらかの縁りをもとに菊花を文様に用いたりして、いつのまにか神紋に流用したりした。当時、特につよい規制力をもたなかったから、菊紋はふえるいっぽうであった。

さらに菊紋を使用している神社に護国神社または招魂社がある。これは、事変や戦役で命を捧げた護国の英霊を祀ったものだから、菊花紋を用いることを認めた。しかし、護国の英霊にふさわしいシンボルとして、多くは桜花が用いられている。あるいは靖国神社のように、十六の八重菊の中にやや小さい桜花を重ねたものもある。

菊紋は大体天皇をシンボライズする十六弁の八重菊だが、なかには一重菊もあり、皇室をはばかって八弁、十二弁、十四弁、十五弁、十七弁、などもある。形としては、菊花の丸形が大部分だが、岡山県の神根《こうね》神社のように、在来の菊花を遠慮して、菱菊にかえている社もある。茨城県の酒列磯前《さかつらいそさき》神社でも、江戸以前は亀甲内に菊、いまは菱の内菱菊と複弁の十六菊などを使用している。

神奈川県の箱根神社は、花山天皇の皇子、豊覚法親王の座主職の

東京・明治神宮
宮崎・宮崎神宮
（十六弁八重菊）

徳島・阿波神社
（十六弁一重菊）

岡山・八重籬神社
（菊巴）

兵庫・貴布禰神社
（青山菊）

ゆかりで、三つ割菊使用、さらに山形県の金峯《きんぼう》神社、大阪府の四条《しじょう》畷《なわて》神社、建水分《たけみくまり》神社、兵庫県の湊川神社は、かつて南北朝のころ王事に尽した忠節の一族で、後醍醐天皇から下賜されたという菊水紋を用いている。

現在、菊紋を神社紋とする神社は全国の神社の約一割以下と推測される。

■菊紋使用神社

北海道	札幌神社	菊
青　森	岩木山《いわきやま》神社	野菊
岩　手	駒形神社	十六菊
	岩手護国神社	菊花十六弁
	志賀里和気《しがりわけ》神社	十六菊
宮　城	館腰《たてのこし》神社	菊花
	鹿島御児《かしまみこ》神社	三ツ菊
山　形	金峯神社	菊水
福　島	都々古別《つつこわけ》神社	菊花
	霊山《りょうぜん》神社	菊
茨　城	酒列磯前神社	菱菊
	橿原《かしわら》神社	十六菊
	総社《そうしゃ》神社	十六弁菊
栃　木	荒橿《あらかし》神社	菊
	大前《おおさき》神社	菊花
群　馬	妙義神社	八重菊
	子持神社	菊花
	赤城神社	菊花
埼　玉	金鑽《かなさな》神社	菊花

宮崎・宮崎神宮
（菊に三つ矢）

岐阜	南宮《なんぐう》神社	菊
	岐阜県護国神社	菊中に桜
	飛騨総社《ひだそうしゃ》	八弁菊花
静岡	井伊谷宮《いいのやみや》	菊花
	小国神社	菊花
	伊豆山《いずさん》神社	十六菊花
	鎌田神明宮	十四弁菊
愛知	愛知県護国神社	菊に県章
	赤日子《あかひこ》神社	十六花八重菊
	伊多波刀《いたはと》神社	十七菊
	形原《かたのはら》神社	十五菊
	川原《かはら》神社	菊菱
	酒見《さかみ》神社	八弁菊
	堤治《つつみはり》神社	菱菊
	伊富利部《いぶりべ》神社	十六菊
三重	大村神社	三日月に矢車菊
	伊奈富《いなふ》神社	菊
	高倉神社	十六弁菊
滋賀	山津照《やまつてる》神社	菊
	佐久奈度《さくなど》神社	心桜十六菊
	水尾《みお》神社	菊
京都	白峯《しらみね》神社	十六菊
	籠《この》神社	十六菊
	宗像神社	十六菊
	元伊勢皇大神宮	菊花章
埼玉	古尾谷《ふるおたに》八幡神社	十六弁菊花
千葉	安房神社	菊花
	小御門《こみかど》神社	双葉菊花
	飯香岡《いいかおか》八幡宮	菊
東京	明治神宮	十六菊
	靖国神社	十六八重菊のうち山桜
	大宮八幡宮	十六菊
神奈川	箱根神社	三割菊
新潟	度津《わたつ》神社	菊花
	真野宮《まのみや》	菊
	関山神社	菊花
福井	金崎宮《かながさきのみや》	菊花
	八幡神社	菊
	舟津《ふなつ》神社	十六菊
山梨	天上山護国神社	十四弁菊桜花
長野	生島足島《いくしまたるしま》神社	菊花
	穂高神社	十六弁菊花
	矢原神明宮	菊花
富山	高瀬神社	菊花

愛媛	伊豫豆比古命《いよづひこみこと》神社	菊
	南豫《なんよ》護国神社	菊花
	浮嶋神社	十六菊
高知	若一王子《じやくいちおうじ》宮	菊
福岡	御勢太霊石《みせたいれいせき》神社	十六菊
	御祖《みおや》神社	裏菊
長崎	住吉神社	菊花
	長崎県護国神社	菊水
	太祝詞《ふとのりと》神社	菊
	厳原《いつきはら》八幡宮神社	菊
熊本	八代《やつしろ》宮	菊花
	疋野《ひきの》神社	変り菊
大分	西寒多《ささむた》神社	菊花
	柞原《いすはら》八幡宮	二重菊
	火男火売《ほのおほのめ》神社	菊水
宮崎	鵜戸神宮	菊花
	宮崎神宮	菊花
	狭野《さの》神社	菊花
	母智丘《もちお》神社	菊
	霧島岑《きりしまみね》神社	菊十二花ビラ
鹿児島	霧島神宮	菊花
	鹿児島神宮	菊花
	新田神社	菊花
	枚聞《ひらきき》神社	菊花
	月読《つきよみ》神社	十五菊紋
大阪	水無瀬《みなせ》神宮	菊花
	四条畷神社	菊水
	建水分神社	菊水
	大依羅《おおよりさみ》神社	十六菊
	泉穴師《いずみあなし》神社	菊
	高津宮《たかつのみや》	菊
	泉井上《いずみいのうえ》神社	十六菊
兵庫	広田神社	菊
	海《わたつみ》神社	波に菊
	伊和《いわ》神社	菊花
	湊川神社	菊水
	中臣伊達《なかとみいだて》神社	十三葉菊花
	佐佐婆《ささば》神社	菊花
	貴布禰《きぶね》神社	青山菊
	多田神社	菊花
奈良	葛城一言主《かつらぎひとことぬし》神社	菊
	北山宮	菊花章
	高鴨神社	菊水
和歌山	熊野速玉《はやたま》大社	菊
	熊野那智大社	菊
島根	水若酢《みずわかす》神社	菊
島根	隠岐神社	菊浮線
岡山	中山神社	菊の中に「中」の字
	八重籬《やえがき》神社	菊巴
山口	赤間神宮	菊(十六葉)
	忌宮《いみのみや》神社	十六菊
徳島	阿波神社	菊
香川	白峰宮《しろみねぐう》	十六菊

桐紋——高貴の麗花

桐紋は、菊花紋とともに皇室のシンボルとして、二大チャンピオンだ。

但し、菊紋が、鎌倉初期に後鳥羽上皇の個人的好みによって広まったに反して桐紋は、それ以前すでに皇室では模様として用いていた。「日本紀略」弘仁十一年条にも、天皇の御袍《ごほう》に模様として付けられたことが出ているが、菊花紋の発生よりは約四百年もまえのことである。

山形・鮎貝八幡宮（五三桐）

静岡・久能山東照宮（太閤桐）

桐は中国では、聖王を意味する。鳳凰の宿る霊木だからである。鳳凰は、この木に宿り、竹の実を喰べて聖王の出現を予言して鳴く。こんな故事（韓史外伝）から、日本において桐の模様が天皇の御袍に用いられたのであろう。
これらの紋様が、皇室の紋章として認められるようになったのは、おそらく菊紋が皇室専用紋として用いられた鎌倉中期より早かったとおもう。鎌倉前期の作であるが『北野天神縁起』には、四七の桐、五七の桐が模様として付けられており、手向山神社の胡徳楽瓶子にもこ

奈良・大神神社
（五七桐）

京都・豊国神社
（五七桐）

京都・御霊神社
（有職桐）

滋賀・都久夫斯摩
神社（五七桐）

の模様がみられる。この時代には神社にも桐紋が浸透していたことがわかる。また、後醍醐天皇は桐紋を足利尊氏に賜わっているから、この時期は皇室の紋章として定着していたことはまちがいない。

桐紋は天皇より足利将軍家に下賜され、さらに足利氏一門や武功の臣に下賜された。一方、皇室と関係の深い神社にも広まった。例えば、熱田神宮であるが、これは桐竹紋を用いている。元来、桐紋は桐と竹と鳳凰の三者がコンビで、その意味をなすのであるから、このほうが、もとの意を伝えている。のち三つはそれぞれ分化して、独立した紋になった。熱田神宮が、桐と竹を組み合わせているのは、その古法を守っているわけだが、長禄二年戊寅、足利義政奉納と伝えられる神衣に、すでに地紋小葵に桐竹鳳凰の織模様がみえる。さらに、宝暦十一年、柘植広重編の『熱田神宮略記』に「神官袍の紋は桐竹、これは神衣の紋である」とある。熱田神宮が、伊勢神宮についで、もっとも皇室とゆかりの深い神宮であることは周知の事実であるから、桐竹紋を用いるのは、大へんふさわしいことであった。しかし、桐紋は、他の多くの神社でも用いているところをみると、皇室の権威にあやかったことが感じられる。時代はだいたい足利幕府成立以後のことであ

岡山・吉備津彦神社（菊桐抱合せ）

奈良・鏡作坐天照御魂神社（七九桐）

愛知・熱田神宮（桐竹）

愛知・尾張大国霊神社（竹の丸に五七桐）

る。皇室から将軍家に下賜された桐紋は、諸侯のあこがれの紋として望まれた。皇室や将軍家と関係の深い神社にも同様な理由で広まった。

豊臣秀吉が天下をとると、皇室の権威を極力利用しようとして、さかんに桐紋を部下にわけ与え、自らも神社や城の目ぬきの場所につけさせた。ことに、太閤桐と称する花《か》梗《こう》の放射形に突出する、リアルな桐紋をいくつも案出し、これを建造物の内外、ところかまわず付けさせていった。たぶん聚楽第なども、これらが絢爛として輝いていたことであろう。いま、琵琶湖の竹生島にある都《つ》久《く》夫《ぶ》斯《す》摩《ま》神社をみると、その本殿には豪華な太閤桐がつけられている。これは、慶長年間に伏見城の一部を片桐且元が移築したものだ。さらに、越前気比神宮欄間の木彫も、豊国神社蟇股木彫もりっぱなものだが、同様に太閤桐である。鎌倉八幡宮の北条氏康奉納の太刀や、出雲日御《ひのみ》碕《さき》神社にある翁面筥にも桐紋があるが、これらは、全体にリアルな形が進んでおり、太閤桐の前駆をなすものであることがわかる。

桐紋使用の神社は、巴についで多いが、大部分は五三の桐であ

福岡・櫛田神社
（三つ亀甲に五三桐）

香川・田村神社
（五七桐）

る。桐とだけある場合は五三の桐とみてよい。他に、五七の桐、七九の桐、菊桐（右に菊、左に桐を一部重ねて複紋にした神紋）、さらに京都の御霊《ごりょう》神社のように有職桐などを用いている神社もある。この有職桐は、明治四年、菊紋禁止令のとき、菊紋から変えたものである。

なお、花の数によって、五三桐とか五七桐とか通称しているが、太閤桐には、特に花数にこだわっていないし、家紋としても、神紋としても、むかしは、併用していた家や神社もあるので、とくに形によって意味の相違があるわけではない。

■桐紋使用神社

長野	郊戸神社	五三桐
岐阜	伊奈波《いなば》神社	菊桐の抱き合せ
	金《こがね》神社	五七桐
	白山《はくさん》神社	五七桐
	八幡神社	五七桐
静岡	高松神社	五七桐
	広瀬神社	五七桐
	焼津神社	五三桐
愛知	尾張大国霊《おわりおおくにたま》神社	竹の丸に五七桐
	八百富《やまとみ》神社	五七桐
	前利《さきと》神社	五三桐
	深川神社	五七桐
	御津《みと》神社	五三桐
	総社	五七桐
	幡頭《はづ》神社	五三桐
	藤島神社	五七桐
	内津《うつつ》神社	五三桐
	八幡宮	五七桐
	伊多波刀《いたはと》神社	五七桐
三重	多度神社	五七桐
	高倉神社	五三桐
滋賀	山津照《やまつてる》神社	桐
	豊国神社	五七桐
	水口《みなくち》神社	五七桐
京都	豊国神社	五七桐
	由良《ゆら》神社	五三桐
	摩気《まけ》神社	五七桐
北海道	留萌《るもえ》神社	五七桐
青森	猿賀《さるが》神社	五三桐
岩手	配志和《はしわ》神社	五三桐
宮城	黄金山《こがねやま》神社	五三桐
秋田	七座《ななくら》神社	五七桐
	神明社	桐
山形	鮎貝八幡宮	五三桐
福島	心清水《こころしみず》八幡神社	五七桐
栃木	高椅神社	五七桐
埼玉	宝登山《ほどさん》神社	五三桐
	椋《むく》神社	五七桐
千葉	神崎《こうざき》神社	五三桐
	鶴谷八幡神社	五三桐
	姉埼《あねさき》神社	五三桐
	洲宮《すのみや》神社	五三桐
	飯香岡《いいかおか》八幡宮	菊桐
新潟	青海《おうみ》神社	五七桐
	金峯《かねのみね》神社	五七桐
富山	放生津《ほうじようつ》八幡宮	菊花と桐葉の抱き合せ
石川	金劔宮	五七桐
	安江《やすえ》八幡宮	五七桐
福井	岡太《おかふと》神社	五三桐
	大滝・岡太神社	五三桐
	神明神社	五三桐
山梨	菅田天《かんだてん》神社	五七桐
	金桜《かなざくら》神社	五七桐

岡山	吉備津神社	五七桐
	鴻《こう》八幡宮	五七桐
広島	八幡神社	桐
山口	徳佐《とくさ》八幡宮	桐葉
香川	田村神社	五七桐
愛媛	伊豫豆比古《いよづひこ》命神社	五七桐
福岡	櫛田《くしだ》神社	三つ亀甲に五三桐
長崎	厳原八幡宮神社	桐
熊本	八代《やつしろ》宮	五七桐
大分	城原《きばる》八幡社	五三桐
	火男火売《ほのほほのめ》神社	五三桐
	大原八幡宮	菊桐
宮崎	神柱《かんはしら》神社	五三桐
鹿児島	韓国宇豆峯《からくにうづみね》神社	五七桐
	大穴持《おおなもち》神社	桐
	谷山神社	桐
	益救《やく》神社	五七桐
	鹿児島神社	五七桐
京都	朝代《あさしろ》神社	五三桐
	御霊《ごりよう》神社	有職桐
	大川神社	五三桐
大阪	豊国《ほうこく》神社	五七桐
	恩智《おんち》神社	五七桐
兵庫	阿宗《あそ》神社	五七桐
	兵主《ひようず》神社	五七桐
	稲荷神社	丸無五七桐
奈良	丹生川上《にふかわかみ》神社	三葉の桐
	大神《おおみわ》神社	五七桐
	村屋坐《むらやにます》弥富都《みほつ》比売《ひめ》神社	五七桐
	宇太水分《うだみくまり》神社	桐
	鏡作坐天照《かがみつくりますあまてる》御魂《みたま》神社	七九桐
島根	比布智《ひふち》神社	桐
	宇美《うみ》神社	五七桐
岡山	吉備津彦《きびつひこ》神社	菊桐抱合せ
	今村《いまむら》宮	五七桐
	岡山神社	五三桐
	玉井宮 東照宮	五三桐

桜紋――護国の英霊

日の本に咲ける桜の色みれば人の国にもあらじとぞ思ふ　拾遺集

桜花の美しさを歌った歌は、古来数かぎりなくあるが、別名の「木《こ》の花」と称する通り樹木の華ということが出来よう。木花開耶《このはなさくや》姫《ひめ》の、サクヤがサクラに訛ったというが、木の花はまことにサクラである。

さて、この桜はむかし、武士の心にもたとえられ、美しく散りゆくことこそ本来の姿とされ、近代になって護国の英霊を、この桜にたとえた。明治になって諸国に建てられた護国神社の多くが桜花を神紋とするのは、そのためである。

北海道・札幌護国神社（蝦夷山桜）

しかし、その桜紋も、多少地方色もあり、神社の成り立ちによって違いもある。たとえば、北海道の札幌護国神社では蝦夷山桜、山形県護国神社は剣桜の中心に山の字を配している。東京の靖国神社は八重菊の中に桜を重ね、皇室との関係をも表わしている。

護国神社のほかに、在来から桜紋を用いている神社も多い。しか

群馬・護国神社
（三つ山囲い桜）

山形・護国神社
（剣桜の中に山字）

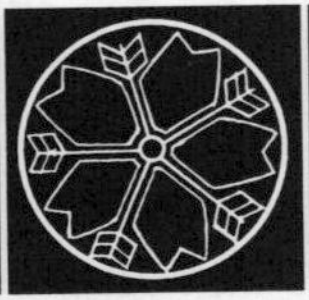
秋田・護国神社
（矢止め桜）

宮城・塩竈神社
（塩竈桜）

し、これとても桜を愛でる日本人の心から多く神紋に採り入れたことには変りはない。桜の名所である京都の平野神社、兵庫の生田神社、奈良の吉野神社等みなこれである。生田神社は古くより「桜は生田、梅は岡本、松の良いのは湊川」と歌われたように海岸まで桜並木がつづいており、さらに、吉野神社に至っては祭神が後醍醐天皇や児島高徳で、桜にゆかりがある。山梨の浅間《せんげん》神社は木花開耶姫を祭っているので、桜紋は当然のことであるが、岡山県の木華佐久耶比咩神社も社号になっているくらいだから、もちろん桜である。

桜紋は、ふつう五弁花の先が谷形に切れている。一般に細い花弁のものは山桜とよび、多くのパターンはこれである。但し、ハート形に花弁のふくらみをもったものもある。宮崎の都万神社などこれであるが、日本人は、山桜のほうが好きか、このほうが多い。八重桜紋も、山梨県の浅間《あさま》神社、平野神社、生田神社ほか多い。

花心はふつう雄しべが放射状に出ているが、中には、社号を書いたり、社号の一字を据えたり（木華佐久耶比咩神社は花心に木の字）しているところもある。宮城県の塩竈神社の八重桜紋は、花心から三枚の細い葉形が放射されている。この独特な形は塩釜桜といって有名で

山梨・浅間神社
（桜花）

石川・気多神社
（山桜）

神奈川・鎌倉宮
（桜花）

千葉・小御門神社
（桜花）

奈良・吉野神宮
（桜花）

京都・平安神宮
（桜花）

京都・平野神社
（八重桜）

岐阜・八幡神社
（八重桜）

あるが、八重桜の中には、こうした桜花が実際にみられる。これらは雄しべの変形に違いない。塩釜の桜については、むかしから堀川天皇も次のように詠んでおられる。

あけ暮れてさぞな愛で見む塩釜の
　桜が下の海士《あま》のかくれ家

宮崎・都万神社
（桜花）

佐賀・田島神社
（桜花）

岡山・和気神社
大阪・桜井神社
（山桜）

岡山・木華佐久耶
比咩神社（八重桜
のうち木の字）

■桜紋使用神社

富　山	八《や》心《ごころ》大《おお》市《いち》比《ひ》古《こ》神社	山桜
	日枝神社	山桜
石　川	気多《けた》神社	山桜
	石川県護国神社	桜
	羽咋《はくい》神社	桜
	能《の》登《と》生《いく》国《くに》玉《たま》比《ひ》古《こ》神社	丸に山桜
	松任《まつとう》金《かな》剣《つるぎ》宮	八弁桜花
	加賀神明宮	桜
福　井	福井県護国神社	二重桜
	三国神社	桜
山　梨	浅間神社	八重桜
	山梨県護国神社	山桜
	富士御室《おむろ》浅間神社	桜五弁花
	浅間神社	桜花

北海道	札幌護国神社	蝦夷山桜
	上川神社	桜花
宮　城	志波彦神社 塩竈神社	塩竈桜
	桜岡大神宮	桜
秋　田	秋田県護国神社	矢止桜
山　形	山形県護国神社	剣桜花の中に山の字
茨　城	茨城県護国神社	丸に桜花
栃　木	栃木県護国神社	桜
群　馬	群馬県護国神社	三山かこい桜
埼　玉	埼玉県護国神社	桜花
神奈川	鎌倉宮	桜花
	伊勢山皇大神宮	桜花の中に宮の字
新　潟	新潟県護国神社	桜花

奈　良	奈良県護国神社	桜花(山桜)
和歌山	和歌山県護国神社	丸に桜花
岡　山	岡山県護国神社	桜花
	和気神社	山桜花
	作楽《さくら》神社	丸に桜花
広　島	広島県護国神社	菊の中央に桜
	備後護国神社	桜花
	御調《みつぎ》八幡宮	桜
山　口	山口県護国神社	単弁桜花
	花尾八幡宮	桜三つ巴
徳　島	徳島県護国神社	菊花桜
香　川	讃岐宮	桜花
愛　媛	愛媛県護国神社	桜花
福　岡	竈門《かまど》神社	桜
	和布刈《めかり》神社	八重桜
佐　賀	田島神社	桜花
熊　本	熊本県護国神社	桜花
大　分	桜八幡神社	桜
宮　崎	都万神社	桜花
鹿児島	鹿児島県護国神社	十五弁菊芯桜花

山　梨	北口本宮富士浅間神社	八重桜
	金桜《かなざくら》神社	桜花
長　野	長野県護国神社	桜花（中央に鏡劔を配す）
岐　阜	飛騨護国神社	桜
	八幡神社	八重桜
静　岡	静岡県護国神社	桜花
	富士浅間神社	桜
	丸子《まりこ》神社	桜
愛　知	桜井神社	井形に桜花
三　重	三重県護国神社	桜花
	本居《もとおり》神社	桜花
滋　賀	近江神宮	桜波
	長等《ながら》神社	桜
京　都	平野神社	八重桜
	京都霊山護国神社	桜花の中央に菊花
大　阪	大阪護国神社	桜
	桜井神社	山桜
兵　庫	生田神社	桜
	姫路護国神社	桜
	兵庫県神戸護国神社	桜
	七宮《しちのみや》神社	桜
	阿陀岡《あたおか》神社	八重桜
奈　良	吉野神宮	桜花

葵紋――賀茂社の神草

アオイにはたくさん種類があってまちがいやすいが、神紋や家紋に用いられるものは二葉葵、または二葉神《かん》葵、賀茂葵などと呼ばれる葵である。二葉葵とは、もとから二葉ずつ出るからであり、二葉神葵とは神草として古来用いるからであるが、また寒《かん》の字も用い、寒さに耐えるところからもきている。さらに賀茂葵の呼称は、賀茂神社の祭礼に用いる霊草だからである。この植物は、茎が地上をはってところどころにツル根と茎がのび、その先に長柄の二葉を出す。葉は、ハート形で葉柄の間から濃紫色の鐘状の花が咲く。山地に自生する多年性植物ではあるが、それほど多くはない。賀茂《かも》別雷《わけいかづち》神社の奥山には、これがたくさん生えている。祭神の別雷神のご降臨のときに、この葵で祭壇をかざり、お祈りをして待つならわしである。賀茂の祭がこれであるが、神紋は、この霊草の葵からきている。

いま、上下賀茂神社で葵紋を用いているほか、地方に勧請された賀茂神社は、だいたいこの紋を踏襲している。が、京都の松尾神社をは

茨城・常磐神社
（三つ葵）

栃木・東照宮
（徳川葵）

静岡・大歳御祖神社
（立ち葵）

長野・宇賀神社
（左離れ立ち葵）

東京・日枝神社
（二葉葵）

栃木・東照宮
（徳川葵・家康公）

じめ、諸国の日吉神社、日枝神社等でこの紋を用いているのは、祭神の大山咋命が、賀茂別雷神社の祭神の父君だからである。しかし、葵紋をもっとも広くPRさせたのは徳川氏である。徳川氏はもともと上州の清和源氏新田氏族であるから、一引両がふさわしい。が、徳川家康はその祖親氏のとき松平氏をついだため、松平氏の家紋葵をそのまま用いた。松平氏が、なぜ葵紋かと言えば、同氏発祥の地である三河の松平村は、加茂郡にあり、祖先は加茂朝臣として、賀茂神社に奉仕していた氏人か神裔であったことによる。これらの理由から徳川氏は葵紋を使用したのである。

江戸時代になって、徳川氏が天下をとれば、祭神の家康公をはじめ、徳川氏をパトロンとする神社が、その支配者の権威にあやかって、葵紋をつけるようになった。全国の東照宮はもちろんのこと、徳川光圀、斉昭を祭る茨城県の常磐《ときわ》神社、松平定綱、定信を祭る三重県の鎮国守国《ちんこくしゆこく》神社等は同族の祭神であり、埼玉県の秩父神社は、徳川家康をパトロンとし慶長十二年に神社の改築が完成している。これらの縁による。

徳川氏は、葵の原形を三つ葉にし、だんだんデフォルメして、ハー

葵紋の分布
（旧社格県府社以上）

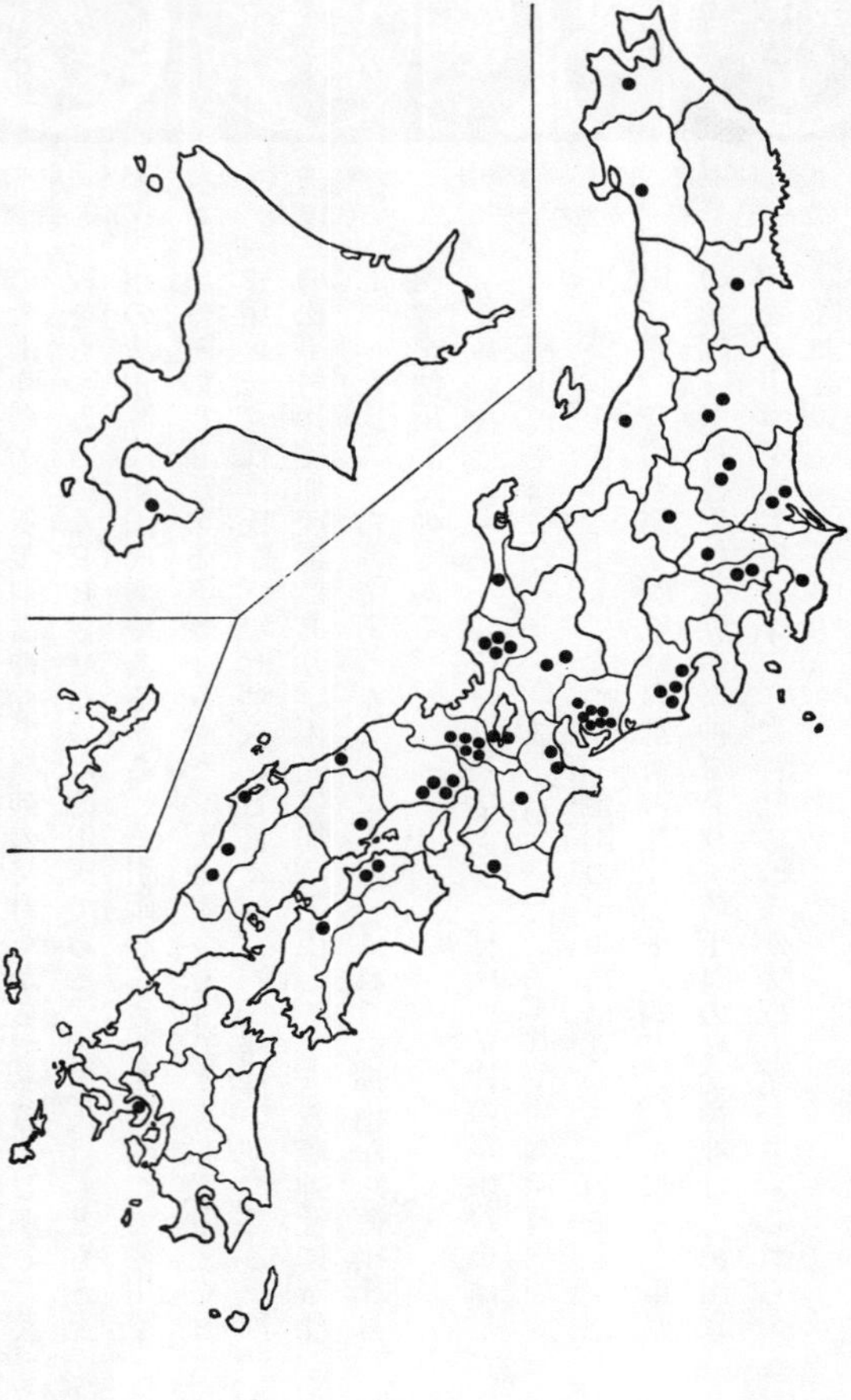

京都・賀茂別雷神社（二葉葵）

京都・賀茂御祖神社（二葉葵）

滋賀・日吉大社（二葉葵）

愛知・尾陽神社（丸に三葵）

ト形三個を丸で囲ったが、このもとは、巴形であったため葵巴とよんでもいる。但し、巴の面影はない。葵は二葉が本来の姿であるから、古い紋ほどリアルな形をして、二葉が保たれている。賀茂神社の神官から出た本多氏の立葵も、三つ葉ではあるが、茎を右側で切ったのは、二葉の意義を保存するためである。

■葵紋使用神社

北海道	東照宮	丸に三つ葉葵
青　森	弘前東照宮	葵
宮　城	仙台東照宮	あおい
秋　田	日吉神社	双葉葵
福　島	蚕養国《こかいくに》神社	葵
茨　城	常磐神社	葵巴
	筑波山《つくばさん》神社	円に三つ葉葵
栃　木	八幡宮	三つ葉葵
	東照宮	三つ葉葵
群　馬	東照宮	丸に三つ葉葵
埼　玉	秩父神社	葵
千　葉	高滝神社	二葉葵
東　京	日枝神社	双葉葵
	上野東照宮	三つ葉葵
新　潟	青海《あおみ》神社	二葉立葵
石　川	賀茂神社	菊に二葉葵
福　井	福井神社	菊に抱き葵
	春日神社	三つ葉葵

和歌山・東照宮
（三つ葵）

京都・松尾大社
（立ち葵）

京都	賀茂別雷神社	二葉葵
	松尾大社	立葵
	貴船《きぶね》神社	二葉葵
	向日神社	三つ葵
兵庫	白国神社	立葵
	賀茂《かも》神社	二葉葵
	多田《ただ》神社	三つ葵
奈良	八咫烏神社	あおい
和歌山	東照宮	三つ葉葵
鳥取	樗谿《あおちだに》神社	三つ葉葵
島根	賀茂神社	二葉葵に花一輪
	染《そめ》羽《は》天《あめの》石《い》勝《かつ》神社	三つ葉葵
	松江神社	葵
岡山	玉井宮 東照宮	葵
香川	屋島神社	三つ葉葵
	賀茂神社	二葉葵
愛媛	石鎚《いしづち》神社	角切三つ葉葵
長崎	霊丘《れいきゅう》神社	三つ葉葵
福井	大滝 岡太 神社	葵
	佐佳枝廼《さかえの》社	三つ葉葵
岐阜	気多《けた》若宮神社	三つ葵
	護山《もりやま》神社	三つ葉葵
静岡	大歳御祖《おおとしみおや》神社	立葵
	久能山《くのうざん》東照宮	三つ葉葵
	山住神社	三つ葉葵
	県居《あがたい》神社	子持二葉葵
愛知	日吉神社	二葉葵
	尾陽《びよう》神社	丸に三つ葵
	石刀《いわと》神社	三つ葉葵
	東照宮	三つ葉葵
	賀茂《かも》神社	二葉葵
	六所《ろくしょ》神社	三つ葉葵
	伊賀八幡宮	三つ葉葵
三重	鎮国守国神社	三つ葉葵
	伊奈富《いなふ》神社	葵
滋賀	日吉《ひえ》大社（東本宮）	二葉葵
	胡宮《このみや》神社	葵
京都	賀茂御祖《かもみおや》神社	二葉葵

梅・梅鉢紋——菅公ゆかりの好木

菅公こと菅原道真が、かくも後世多くの庶民に信仰されるとは、夢にも思っていなかったろうが、天神さま即ち天満宮は全国いたるところに祭られてある。幕府の権力者を祭神とする東照宮などと違って一文官でありながら天満宮の力は大したもの。しかし、菅公の生前愛好した梅が、そのまま神紋として使用されることも、そのものズバリで、実に明解だ。ただ、菅公を祭神としていない神社で梅紋、梅鉢紋を用いているのも少しはある。一例をとれば、石川県の尾山《おやま》神社ほかであるが、これとても、祭神の前田利家公の家紋から来ており、その前田氏は菅公の後裔と信じているところから梅鉢を用いている。また同県の小浜神社の祭神は菅公ではないが、信者の前田利家が社殿を再興したことを徳とし梅鉢紋を用いている。

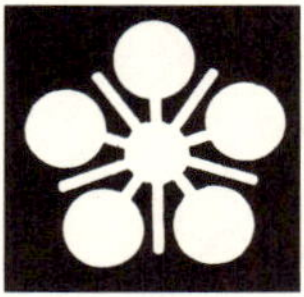

東京・亀戸天神社
（変り剣梅鉢）

梅紋には梅花紋と梅鉢紋と二種あるが大概は梅鉢紋である。梅鉢とは、太鼓の撥《ばち》を花心に花形に並べたところからきた呼び名である。しかし、実際には撥とはかなり違った形になっているが、この形によって、剣梅鉢とか、大聖寺梅鉢（前田氏の一族で大聖寺に拠る）とか丁

梅・梅鉢紋の分布
(旧社格県府社以上)

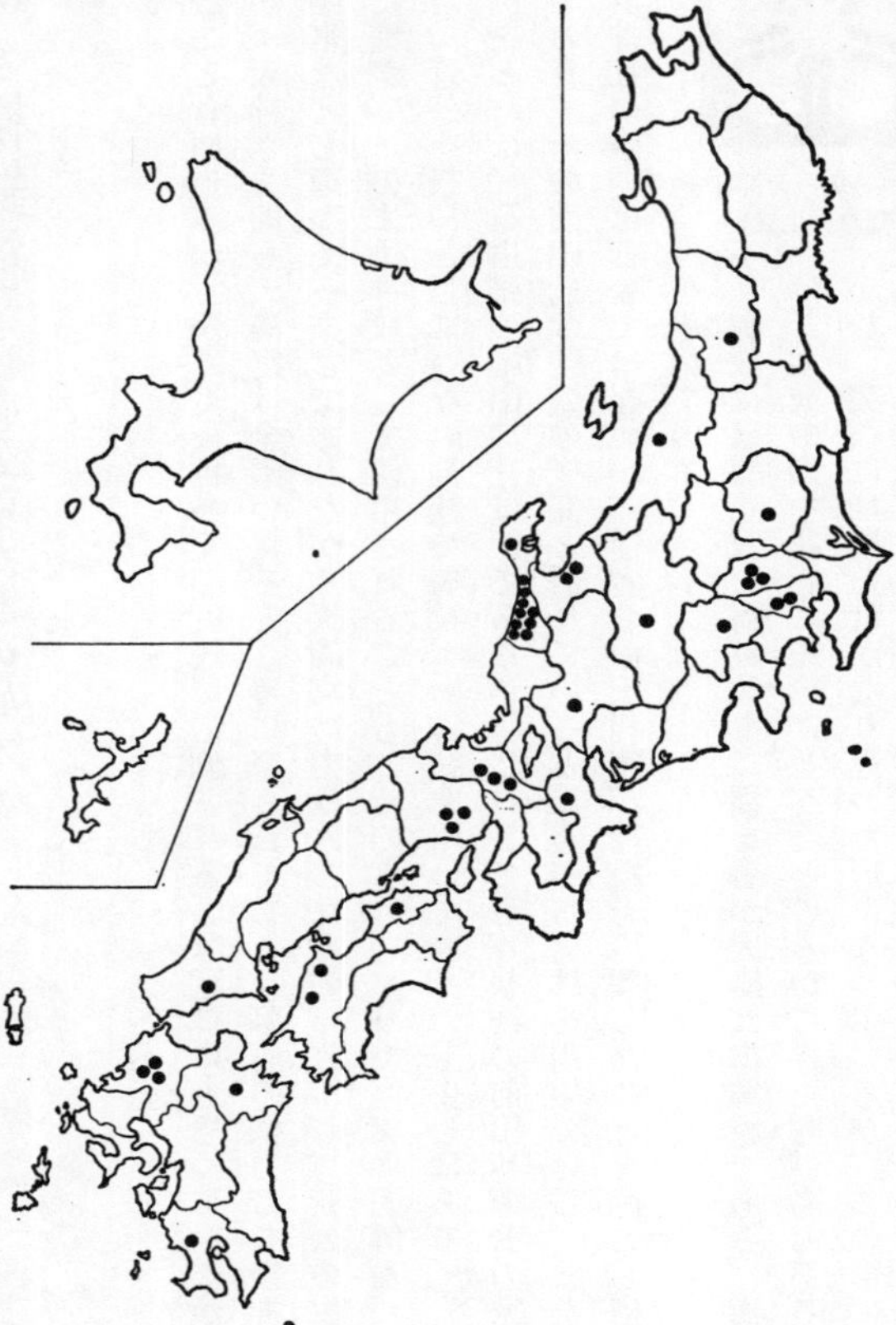

石川・尾山神社
（剣梅鉢）

富山・高岡関野神社
（剣梅鉢）

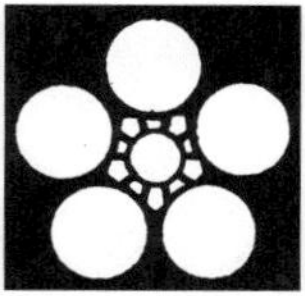
長野・深志神社
（前田梅鉢）

東京・湯島天神社
（梅鉢）

字梅鉢とかの名称も生まれた。剣梅鉢は一名加賀梅鉢ともいわれ、加賀百万石の殿さま前田公の家紋である。川柳に、

梅が香は武鑑にしるき御大禄

というのが、これである。いま加賀の金沢を中心として、石川県一帯は御大禄、前田公の梅鉢紋の地盤で、梅鉢紋の神社数も日本一というところ。

梅鉢についで梅花紋はどうかというに、梅の花をそのまま図案化したものであるから、梅鉢より大分リアルである。雌雄のしべもあるが、のちにこれは単純化されて中心円から五本の放射線に変わった。太宰府天満宮が、これであるが他は少ない。

もっとも、梅花、梅鉢両様の神社もある。神紋都道府県別分類一覧表（二九七頁）を見ると、梅紋（梅鉢も含む）が菊についで第四位。全国に天神社が多い証拠だ。総数約一万五百社という。なぜ、こんなに多いのか。神明社、熊野神社、稲荷神社といっても祭神を思い出せぬ人もあろう。しかし、天神さまを知らぬ人はない。この神は、われ

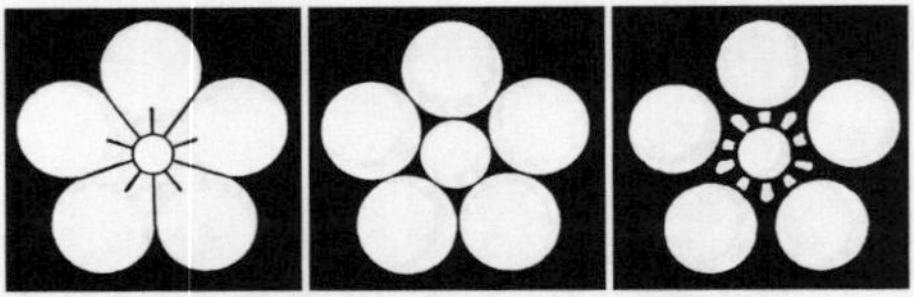

福岡・太宰府天満宮（梅花）　京都・北野天満宮（梅鉢）　石川・小浜神社（加賀梅鉢）

われの祖先と近き世に同居していたヒトなのだ。ここに天神の魅力がある。元来、天神は中世末から近世初頭にかけて開発された新しい村落の鎮守や氏神として奉斎された天つ神（国つ神に対して）である。ところが、菅公の悲劇的物語が広まると、雷をとどろかす天神の威力が菅公の怒りと合体されて庶民に不思議な感動を与えた。天罰は下るが、正しい者には雷雨の恵みと、知の恵みが与えられた。天神信仰は、こうして流行していった。

■梅・梅鉢紋使用神社

石川	高爪《たかのつめ》神社	剣梅鉢
長野	深志《ふかし》神社	前田梅鉢
岐阜	加納天満宮	梅鉢
三重	菅原神社	梅鉢
京都	北野天満宮	梅鉢
	長岡天満宮	梅鉢
	生身《いきみ》天満宮	星梅鉢
兵庫	英賀《あが》神社	梅鉢
	天満神社	梅鉢
	天満神社	梅鉢
	河上神社	梅鉢
奈良	石《い》園《その》座《にます》多《た》久《く》虫玉《みのみたま》神社	梅鉢
山口	防府天満宮	梅鉢
香川	天満神社	梅鉢
愛媛	東雲《しののめ》神社	梅鉢
	綱敷天満《つなしきてんまん》神社	梅鉢
福岡	太宰府天満宮	梅花
	天満神社	梅鉢
	水田天満宮	梅鉢
大分	津江神社	梅鉢
鹿児島	志奈尾《しなお》神社	梅鉢
山形	建勲《たていさお》神社	梅鉢
栃木	朝日森天満宮	梅鉢
群馬	天満宮	梅鉢
埼玉	物部天神《もののべてんじん》社	梅鉢
	国《くに》渭《い》地祇《くにつかみ》神社	梅鉢
	天満天《てんまんてん》神社	梅鉢
東京	亀戸天神社	変り劔梅鉢
	湯島天神社	加賀梅鉢
新潟	菅原神社	梅鉢
富山	於保多《おぼた》神社	梅鉢
	高岡関野神社	剣梅鉢
石川	尾山神社	剣梅鉢
	須々《すず》神社	加賀剣梅鉢
	江沼神社	棒梅鉢
	小松天満宮	加賀梅鉢
	椿原《つばきはら》天満宮	劔梅鉢
	能《の》登《と》生国玉《いくくにたま》比《ひ》古《こ》神社	剣梅鉢
	服部《はとり》神社	剣梅鉢
	加賀神社	剣梅鉢
	小浜《おばま》神社	加賀梅鉢

藤紋——藤原氏のシンボル

奈良・石上神宮
（上り藤）

奈良・春日大社
（下り藤）

奈良・春日大社
（下り藤）

大和国高市郡藤原の里（現橿原市）は、いまも日あたりのよい静かな高台の村で、かつて鴨公村高殿といったところ。いにしえの藤原宮址でもあるが、藤原氏の中祖、鎌足公もここの生まれだ。いわば、藤原氏一族のふるさとである。藤ノ原といわれる通り、ふじの咲きこぼれる平和な村であったに違いない。藤原氏一族は、鎌足以降、天下の政権を掌握し、奈良期の終りから明治のはじめまで千年以上も国政を執った。この一族は、ふえにふえて、末裔の佐藤氏だけでも現在約一九〇万人。いまは藤原の姓を名乗ってはいないが、その一門の数たるや日本一に間違いない。

この人たちの総氏神が大和の春日大社で、藤原氏、中臣氏の祖神天児屋根命を祀る。神紋は「下り藤」、藤原氏のシンボルである。同じく大和の談山神社も祭神は鎌足公で、こちらは「上り藤」。藤原氏一門の繁栄はこの「藤紋」にあらわされるように、石上《いそのかみ》神宮、夜支布《やぎふ》山

京都・護王神社
（向い藤）

京都・藤森神社
（上り藤に一文字）

京都・大原野神社
（下り藤）

奈良・談山神社
（上り藤）

口神社、石園座多久虫玉《いそのにますたくみのみたま》神社、往馬《いこま》坐《にます》伊古麻都比古《いこまつひこ》神社もまた藤紋を用いている。奈良県は、そういう意味では藤紋の勢力範囲である。

さて、藤の花は、下るが自然だから、紋も下り藤が原形である。だが、のち、上り藤、藤巴などもうまれ、藤紋の中に、他紋を組込む、合成紋も出来た。たとえば、島根県の櫛代賀《くししろか》姫《ひめ》神社は「上り藤の円中に久の字」。これは、大同元年藤原緒縫がいまの益田市大浜浦より現在地の久城に遷座、その縁で上記の神紋とした。高知県中村市（現・四万十市）の一條神社は一条下り藤、福井県坂井町（現・坂井市）の春日神社は「上り藤の内ぼたん」で、ぼたんは藤原氏の嫡宗近衛、鷹司の紋。同じく福井県の総社金沢神社は、右三つ巴であるが、もともとは春日神社である。

熊本市の藤崎八幡宮は、八幡さまだから応神天皇と神功皇后が祭神である。神紋はふつう巴であるべきだが「下り藤」を用いる。社伝によると「朱雀天皇の承平五年、石清水八幡を勧請したとき、勅使の用いた神馬の鞭を三つに折ってさしたところ、根葉を生じ繁茂して花を咲かせた。この鞭は男山の藤づるを切ったものという。社名を藤咲宮と呼ぶのは、それによる」と。いまの藤崎八幡の一帯は熊本城に接

熊本・藤崎八幡宮（下り藤）　高知・一條神社（一条藤）　和歌山・藤白神社（藤巴）　大阪・枚岡神社（下り藤）

し、なだらかな丘で藤崎台というが神紋は、それを記念したという。

もう一つ覚えて置きたいことは、和歌山県の藤白神社である。これは全国二百万の鈴木の氏神であるが、名族鈴木氏の発祥地は、この海南市藤白で、神紋は発祥地にちなんで「藤巴」。神奈川県の大久保神社は、大久保忠世を祀り、家紋も「大に上り藤」。川柳に「義に死んで猟犬の名も上り藤」。徳川氏の忠犬とみなされた。

■藤紋使用神社

奈　良	石園座多久虫玉神社	下り藤
	往馬坐伊古麻都比古神社	下り藤
和歌山	藤白《ふじしろ》神社	藤巴
島　根	櫛代賀姫神社	上り藤の円中に久の字
	田原神社	四つ藤
岡　山	春日神社	下り藤
山　口	春日神社	下り藤
徳　島	春日神社	下り藤
愛　媛	稲荷神社	上り藤
福　岡	春日神社	下り藤
佐　賀	鏡(二宮)神社	上り藤中に大の字
長　崎	諫早《いさはや》神社	上り藤
	高城神社	上り藤
熊　本	藤崎八幡宮	下り藤
	宮原両《みやのはるりよう》神社	抱き鷹の羽の中に上り藤
大　分	日吉神社	下り藤
	早吸日女《はやすいひめ》神社	下り藤
	春日神社	下り藤

神奈川	大久保神社	大に上り藤
新　潟	藤基《ふじもと》神社	下り藤
福　井	春日神社	下り藤
岐　阜	洲原《すはら》神社	下り藤
静　岡	五社《ごしゃ》神社	下り藤
三　重	桑名神社	上り藤の内三
	宇流富士禰《うるふしね》神社	下り藤
	積田《つみた》神社	下り藤
	中臣神社	上り藤の内大
滋　賀	阿自岐《あじき》神社	登り藤
	藤樹《とうじゅ》神社	下り藤
京　都	大原野《おおはらの》神社	下り藤
	吉田神社	下り藤
	護王《ごおう》神社	向四藤
大　阪	枚岡《ひらおか》神社	藤
兵　庫	春日神社	上り藤
	柿本神社	三つ藤巴
奈　良	春日大社	下り藤
	石上神宮	上り藤
	談山《だんざん》神社	上り藤
	夜支布山口神社	下り藤

窠《か》（木瓜《もっこう》）紋——子孫繁栄の章《しるし》

祇園会《ぎおんえ》や錦の上に京の月　　子規

京都祇園の八坂神社の祭礼は、いまも昔も、そのにぎにぎしさ、美しさには、変わりはない。練り出す御輿《みこし》、山車《だし》、囃子《はやし》の、目のさめるような行列の上に、ぽっかり七月の月が出ている……。その御輿や山車や稚子《ちご》の衣装にも木瓜の紋がつけられている。これが八坂神社の神紋だ。平安のはじめ都に悪疫がはやったとき、退散の行事として行なったのが祇園祭のはじまりという。この木瓜は、そのときも模様として用いられていた。原形は、すでに奈良朝以前からあった伝統あるパターンだったのである。

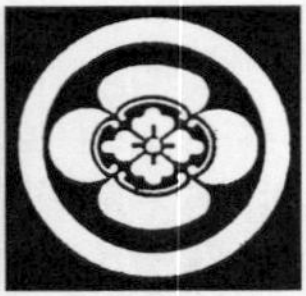

神奈川・報徳二宮神社（丸に横木瓜）

滋賀・油日神社（木瓜に二つ引き）

八坂神社（祇園社）では、祭神を牛頭《ごず》天王と申しあげる。日本ではスサノオノミコトにあて、「祇園牛頭天王縁起」には、わが国に垂迹《すいじゃく》し、人民の苦を救うとある。朝鮮建国の神・檀君も牛頭天王で、もとは中国の神農であるという。「牛頭人身にして、五穀と百薬もって救

高知・熊野三山神社
（花木瓜）

大阪・難波八阪神社
（巴抱き木瓜）

京都・八坂神社
（窠）

京都・建勲神社
（窠）

民した」ので、諸国で勧請したらしい。木瓜が中国わたりの、官服や、御簾《みす》の帽額《もこう》模様から来たというのも、やはり、牛頭信仰に付随して広まったものと思う。

八坂神社では、神官紀氏の紋から出たといっているが、神も社家も同様に用いたに違いない。もともと、中国では窠といい、地上に卵を生んだ鳥の巣を象ったもの。ところが、日本に来ては、御簾の帽額にみられる模様だから、モコウとよんだ。やがて木額の当字を使い木瓜に変った。そこから木瓜《ぼけ》とか胡瓜とかの概念が生じて、誤解が長くつづいたのである。

この中国わたりの模様は、日本で美しく磨かれ、独特に成長していったから、そのバリエーションは、きわめて多く約一二〇種にも及ぶ。神紋として用いられるのは、五瓜とよばれ唐花を五弁で囲っているものが多い。八坂神社の神紋であるところから祇園木瓜ともいう。

八坂神社でなくとも、スサノオノミコトを祀っている神社では多くこれを用いる。さらに、織田氏の祖は福井の劔《つるぎ》神社の神官であったから、五瓜を用いている。織田信長がこれを用いるのはそのためで、織田瓜《うり》と呼ぶ人もいる。福岡県の武内宿禰を祭神とする高良《こうら》大社は、紀

大分・八坂神社
（織田瓜）

福岡・高良大社
（窠）

氏の代表紋として神紋に用いたものであろう。東京の松陰神社や神奈川県の報徳二宮神社は吉田松陰や二宮尊徳の家紋からきている。兵庫県の養父神社は、日下部氏の氏神でその代表紋四つ木瓜を用いる。この一族は朝倉、朝来《あさこ》、太田垣、八木、奈佐氏とひろがり、やはり同紋使用。その他大伴氏、紀氏等も用い、日本の名古族に多く用いられることは、この紋そのものが最古の歴史を持つこととも一致する。

■窠（木瓜）紋使用神社

兵　庫	赤淵《あかぶち》神社	もく花
岡　山	総社	木瓜
	木山神社	五つ木瓜
広　島	沼名前《ぬなくま》神社	窠
	吉備津神社	窠
	素盞嗚神社	五瓜唐花
	甘南備《かんなび》神社	窠
山　口	松陰神社	木瓜に中卍
	八坂神社	窠
	亀山八幡宮	もっこう
	八坂神社	祇園木瓜
愛　媛	多伎《たき》神社	窠
福　岡	高良大社	窠
	高祖《たかす》神社	横木瓜
	須佐神社 大祖大神社	木瓜
	大富神社	四つもっこう
長　崎	大村神社	五つもっこう
熊　本	北岡神社	半木瓜
大　分	八坂神社	織田瓜
秋　田	東《ひがし》湖八坂神社	窠
栃　木	蒲生神社	窠
埼　玉	八幡神社	木瓜
東　京	松陰神社	木瓜に卍
神奈川	報徳二宮神社	丸に横木瓜
福　井	劔神社	もっこう
長　野	住吉神社	抱瓜
愛　知	津島神社	窠
	那古野《なごや》神社	瓜の花
三　重	八雲神社	木瓜
	陽夫多《やふた》神社	窠
滋　賀	上坂《こうさか》神社	窠
京　都	八坂神社	窠
	建勲《たけいさお》神社	窠
大　阪	杭全《くまた》神社	瓜に唐花
兵　庫	広峯《ひろみね》神社	もっこう
	高砂神社	木瓜
	敏馬《みぬめ》神社	祇園もっこう
	猪名野《いなの》神社	祇園もっこう
	公智《くち》神社	祇園木瓜

菱・花菱紋——古代の文様

菱模様は、正倉院の御物の織物にもあり、『年中行事絵巻』や『伴大納絵詞《えことば》』にも、さかんに用いられているところを見ると、奈良・平安期を通じて、大いに愛好されていたことがわかる。

菱模様には二種あって、一は幾何図形の菱形を原形とし、それを四つ割にした割菱（一名武田菱）、二個三個重ねた重ね菱（三個重ねると三階菱や松皮菱などともいう）、他は花形にアレンジした花菱である。花菱は、もともと大陸渡来の実在しない唐花《から》から来ており、唐花を菱形にしたための名称である。この二つはともに古くから広まっている。

花菱紋は、この模様から来たことはあきらかであるが、割菱と併用されている例が多い。

埼玉・三峯神社
（菖蒲菱）

『見聞諸家紋』を見ると、前九年の役に武田氏が夷賊平定を住吉社に祈願して、拝領した鎧の袖に割菱紋があったという。子孫はこれを記念に割菱を家紋にしたが、いま住吉大社の神紋を見ると割菱に近い花菱である。さらに、山梨県の菅田《かんだ》天神に納めてある武田氏の楯無鎧の金具にも花菱がある。これから推測すると、併用はふるくからあった

菱紋の分布
（旧社格県府社以上）

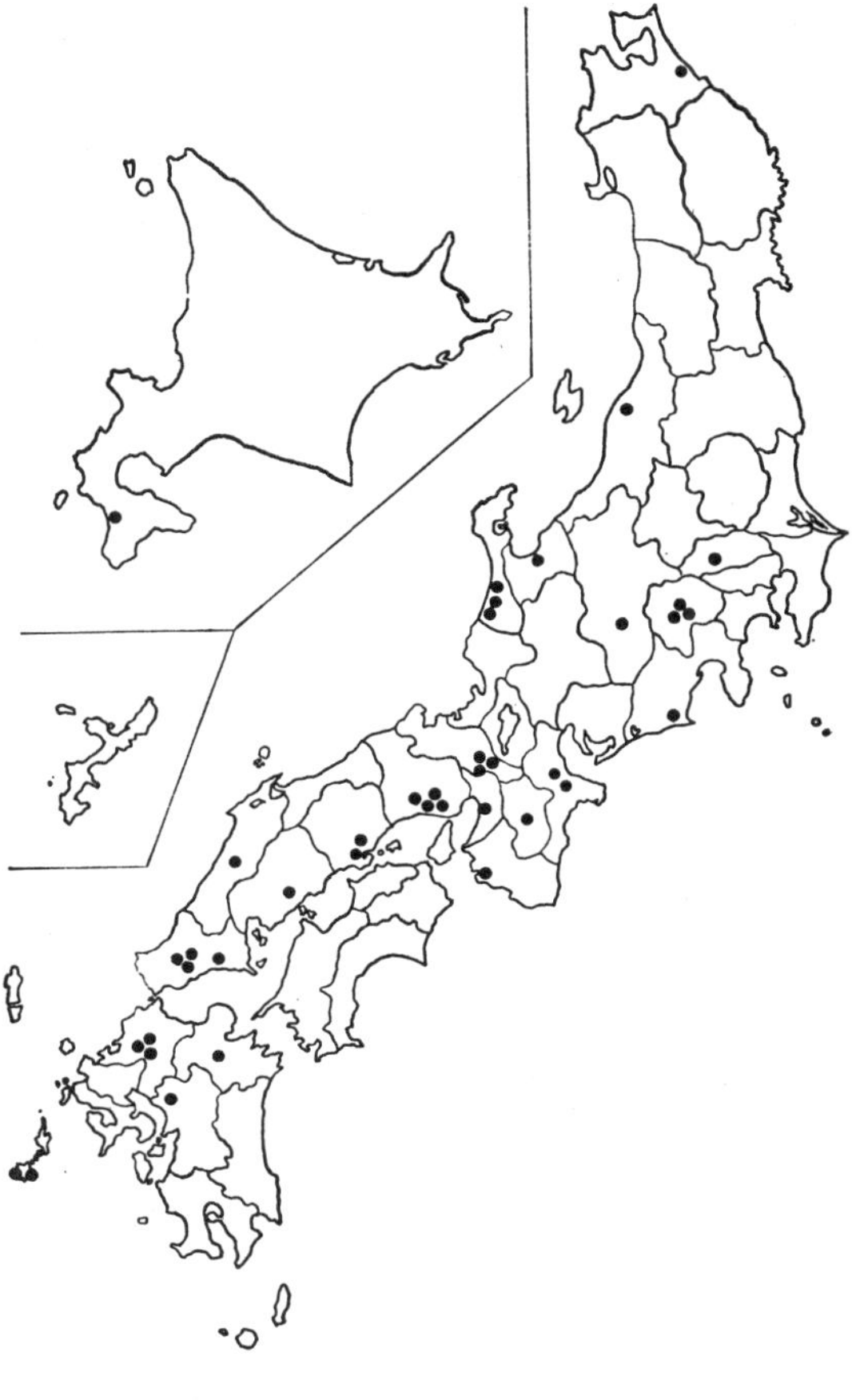

三重・伊勢神宮
（花菱）

山梨・武田神社
（武田菱）

長野・沙田神社
（三階菱）

石川・菟橋神社
（花菱）

と考えられる。

出雲大社の花菱は剣付であるが、二重亀甲で囲っているのは、亀甲が主体で、花菱は添えであるためだ。もとは、花菱ではなく、「有」の字であった。これは、十月を一字に合したもので、諸国の神々が、十月に出雲に集まる大切な月を意味する。それがいつの間にか、模様として、すわりのよい花菱に転化したのである。熊本県の伊倉南八幡宮では、巴紋を用いず、やはり剣花菱を用いている。社伝によれば、菱形の霊地にしばしば八幡の神霊が現われたという。神紋はそれを記念している。北海道の福島大神宮では、菊の芯に花菱を配する。これは、社家の常磐井家の家紋（常磐井菊）の桔梗のかわりに、松前藩主武田氏の菱を置いたのである。

割菱系の神紋は、甲府市の武田神社（祭神・武田信玄）や、むつ市の田名部神社（社家・小笠原氏）のように祭神や社家の家紋からきているものが多い。北海道の松前神社、青森県の新羅《しんら》神社、三重県の北《きた》畠《ばたけ》神社、山口県の降松《くだまつ》神社、築山《つきやま》神社（ともに大内の家紋）などがこれである。兵庫県の広田神社は、神功皇后が三韓よりご凱旋のとき、武庫の浜辺で天照大神のご神託をうけ、大神の荒御魂をこの地に奉斎

兵庫・広田神社
（四菱）

大阪・住吉大社
（陰花菱）

京都・梨木神社
（花菱）

三重・北畠神社
（割菱）

した。同時に、稚日女神を生田神社に、事代主神を長田神社に、住吉三神を住吉神社に鎮祭したので、広田神社ではこれを記念し、神紋を三重割菱にし四社に配した。三つの「田」（菱形）が重なっているのは、それぞれ、生田、長田、広田の三田をあらわしている。

■菱・花菱紋使用神社

北海道	松前神社	丸に武田菱
青　森	新羅神社	源氏菱
埼　玉	三峯《みつみね》神社	菖蒲菱
新　潟	豊田神社	五階菱
富　山	道神社	菊菱
石　川	菟《う》橋《はし》神社	花菱
	多太《ただ》神社	菊菱
	神明宮	菊菱
山　梨	武田神社	割菱
	窪《くぼ》八幡神社	割菱
	武田八幡神社	割菱
長　野	沙《いさご》田《た》神社	三蓋菱
静　岡	白羽《しろわ》神社	剣花菱
三　重	神宮	花菱
	北畠神社	割菱
京　都	籠《この》神社	四菱
	梨《なしの》木《き》神社	花菱
	一宮《いつきゆう》神社	花菱
大　阪	住吉大社	花菱
兵　庫	広田神社	四菱
	佐保《さほ》神社	三階菱

山口・築山神社
（大内菱）

兵庫・長田神社
（菊菱）

兵　庫	長田《ながた》神社	菊菱
	佐佐婆《ささば》神社	花菱
奈　良	柳沢《やなぎさわ》神社	花菱
和歌山	刺田比古《さすだひこ》神社	武田菱
島　根	能義《のき》神社	劒花菱
岡　山	伊勢神社	花菱
	沖田神社	花菱
広　島	今伊勢内宮外宮	花菱
山　口	降松神社	大内菱
	築山神社	大内菱
	赤田神社	六角劒菱
	山口大神宮	花菱
福　岡	八幡《はちまん》古《こ》表《ひょう》神社	花菱
	筑紫《つくし》神社	四菱
	御勢《おせ》太霊石《おおみたまいし》神社	剣花菱
佐　賀	仁比山《にひやま》神社	劒菱
長　崎	白鳥《しらとり》神社	花菱
	城山《しろやま》神社	武田菱
大　分	椿八幡神社	花菱

亀甲紋——出雲大社の紋

亀甲紋とは、ふつう亀の甲羅《こうら》を象った紋のことである。しかし、甲羅に刻まれた模様も同じ六角形である。正倉院の御物の裂《きれ》をみてると、亀甲のつなぎ模様が出ているが、亀の甲の概念で用いられていたかどうかわからない。中国でも日本でもこの模様はふるくからあった流行の模様だったに違いない。室町時代の中ごろに、行誉という坊さんの『塵添埃嚢抄《じんてんあいのうしょう》』という本でも紋章に玳瑁《たいまい》の文字をあて、カメノカフとよませている。亀の甲のほうが庶民には、わかりやすく親しみやすい。おまけに、「鶴は千年、亀は万年」のたとえ通り、亀は長寿のめでたいシルシであり神の使でもあった（豊玉姫が大亀にのり海をてらしてやって来たことは日本書紀にもある）。

秋田・新波神社
（亀甲に蒲の穂）

亀甲紋は、鳥取、島根両県にきわめて多い。ことに島根県の神社は、大方亀甲紋といってよい。ご存知の如く、山陰第一の大社は出雲大社で、創建が古く、歴史の長いことでは本邦第一。この神社で用いているのが「亀甲に剣花菱」または、「亀甲に剣花角」。祭神は大国主神（大物主神、大己貴神、大穴矣遅神、大名持神、八千茅神等、神名

亀甲紋の分布
(旧社格県府社以上)

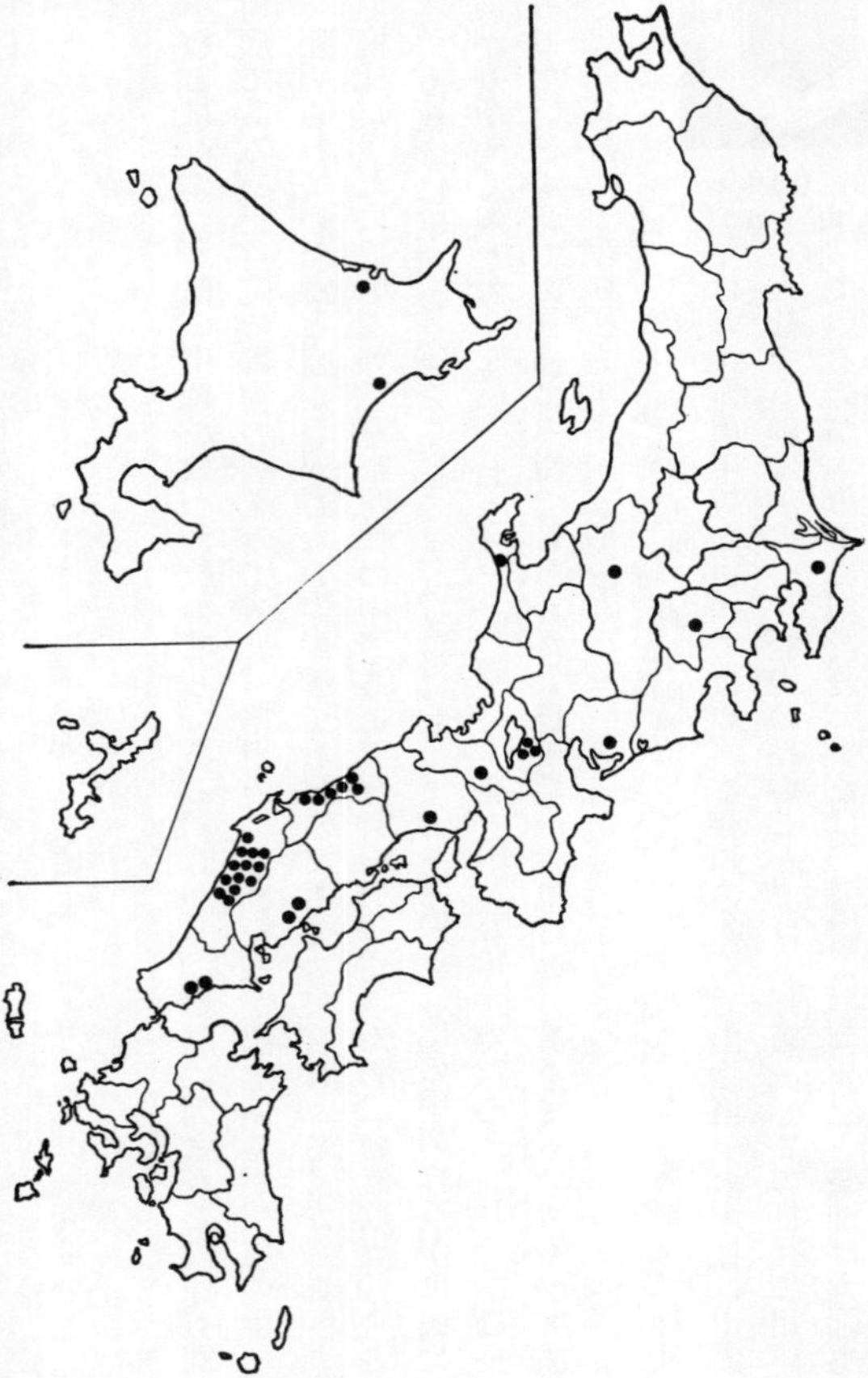

鳥取・大神山神社
（二重亀甲に社号）

滋賀・兵主神社
（亀甲に鹿角）

愛知・砥鹿神社
（亀甲に亀卜）

石川・白山比咩神社
（三子持ち亀甲に瓜花）

の多いこと日本一）で、北方鎮護の神である。古来中国では「東青竜、西白虎、南朱雀、北玄武」といって四方を守る四神の一に玄武があり、亀をもってあらわしている。『爾雅』にも「北方を亀と成す」とある。この思想が日本に伝わり祭神と結びついたものだ。もっとも玄武は、中国ではふるく亀と蛇のコンビで表わされているが、のちに図柄は、亀だけでまにあわせてしまった。日本では、やはり亀だけである。いずれにしても、こうして亀は北方の守り神とみなされ、それを正六角形（に近い）カタチであらわしたものであろう。

亀甲紋を用いる神社は、大社と同じく大国主神を祭っているが、他の祭神のばあいでも出雲地方の神社では亀甲紋を用いていることが多い。たとえば、素《す》戔嗚命《さのおのみこと》。この神は大国主命の父とも言われ、市寸島姫命、事代主、健御名方神、五十猛神など御子も多い。いわば北方開発の先達であった。これらの神々は大国主神と同様北方守護神であったことは同じである。要するに出雲系の神々の共通のシンボルとみられる。

図形は正六角形が主体であるが、のちそれらは多くアレンジされ

広島・速谷神社
（三つ盛り亀甲に
花菱）

広島・厳島神社
（三つ盛り亀甲に
剣花菱）

岡山・志呂神社
（二重亀甲に梶の葉）

島根・出雲大社
（二重亀甲に剣花菱）

て亀甲形も、二重、三重に変化をもたせたり、六角形の空間を他の模様でうめたりする。それらは、第二次的な意味をもってきたが、もともとはブランクをうめる模様から起こったものである。

中で、最も多いのは花菱で古代人のあこがれの模様であったようだ。この花菱に剣のついているのが出雲大社の紋であるが、素戔嗚命が簸《ひの》川の上流でヤマタの大蛇《おろち》を退治したとき得た剣をあらわしているという。この剣は天叢雲剣《あめのむらくものつるぎ》として三種神器の一つであり、日本の鎮めにとって大切な剣である。この剣が花菱につけられたという。しかし剣花菱のまえは亀甲の中に「有」の字を入れていた。有はナに月の合字で、十月をあらわす。出雲では、十月を諸神集合月として神有月《かみありづき》といい、これをシンボライズしている。いまでも、亀甲の中に有の字を用いている神社は、松江市の神魂《かもす》神社ほか数社ある。神紋としてはこのほうが古い。

岡山県志呂神社は「二重亀甲に梶の葉」、梶は柏とともに古代の神木として尊ばれた。滋賀県の兵主《ひょうず》神社は亀甲に鹿角、当社は往古大津京の近く、坂本穴太に鎮座していたが、欽明帝のとき、祭神大己貴神は大亀で琵琶湖を渡り、鹿にまたがり現在地に着いたという。さらに、大分県椎根津彦神社（神紋上り亀）にも椎根津彦命が神武東征に大亀に乗り、水先案内役を務めたという伝承がある。石川県白山比咩《しらやまひめ》神社は、三重亀甲に瓜花。三重は過去、現在、未来の三代をあらわし、瓜は万葉集に「瓜食めば子ども思ほゆ」にある通り、古代の珍果。これを神に捧げて子孫の繁栄を祈る意である。秋田県の新波神社は「二重亀甲に蒲の穂」、大国主神が因幡の白兎を救うに蒲の穂をもってした故事による。「剣花菱三つ盛《も》り亀甲」は広島県の厳島神社の神紋である。厳島大神鎮座のとき、奉斎の巌《いわお》が亀甲のごとく亀裂していたという。古代中国では亀卜といって、亀甲を焼き、その亀裂によって神事を占う。この古式に則って鎮座地を選定したものであろう。

鳥取県の宇倍神社では、祭神武内宿禰が三百余歳で、当社の地亀金岡で昇天した。これによって亀崩し紋を用いたという。千葉県の香取神宮もその鎮座地を亀甲といい、亀のカタチをしている丘である。

社伝は、さまざまあるが、その地方の歴史と伝説を背負っているものであり、いちがいにこじつけとして否定し去ることは出来ない。

■亀甲紋使用神社

石川	白山比咩神社	三子持亀甲瓜花	北海道	網走神社	抱合い子持亀甲花菱
長野	子檀嶺《こまゆみのねの》神社	六角に花菱		厳島《いつくしま》神社	三ツ亀花菱
愛知	砥《と》鹿《が》神社	亀甲亀卜	埼玉	中氷川神社	亀甲
滋賀	大嶋神社	亀甲花菱	千葉	香取神宮	亀甲

島　根	八重垣神社	六角剣花菱
	神魂神社	亀甲に有の字
	須我《すが》神社	亀甲に八つ雲
	玉作湯《たまつくりゆ》神社	二重亀甲の中に丸玉管玉勾玉組合せ
	能義神社	二重亀甲
	城上《きがみ》神社	亀甲
	多倍《たべ》神社	亀甲に劔
	阿羅波比《あらわひ》神社	亀甲に大一
広　島	厳島神社	三つ亀甲剣花菱
	速谷神社	三盛亀甲に花菱
山　口	出雲神社	二重亀甲花菱
	高泊《たかとまり》神社	亀甲四菱
愛　媛	湯《ゆ》神社	亀甲に花菱
愛　媛	姫坂神社	三つ亀甲かたばみ
福　岡	厳島神社	三つ亀甲に花菱
大　分	椎根津彦神社	上り亀
滋　賀	兵主神社	亀甲に鹿の角
	奥津嶋《おきつしま》神社	亀甲花菱
京　都	出雲大神宮	亀甲
兵　庫	英賀《あが》神社	亀甲二つ巴
鳥　取	倭文《しとり》神社	二重亀甲内花菱
	宇倍神社	亀崩し
	大神山《おおがみやま》神社	二重亀甲に社号
	国庁裏神社	二重亀甲に劔花菱
	楽楽福《ささふく》神社	六角楽
	波波伎《ははき》神社	二重亀甲劔花菱
島　根	出雲大社	二重亀甲劔花菱
	熊野神社	六角に大
	美保神社	二重亀甲に三つ巴又は二重亀甲に渦雲
	佐太（南殿）神社	亀甲
	売布《めふ》神社	二重亀甲花菱

文字紋——多くは社号

文字を神紋とする神社が、かなりある。

文字は神社の社号の一字を採ったものがほとんどで、丸で囲ってすわりをよくしている。もっとも三島神社のように折敷（隅切角）で囲ったものや、兵庫県の夜比良《やひろ》神社のように六角もある（別項で説く）が、大体は丸である。

秋田・太平山三吉神社（三つ吉の字）

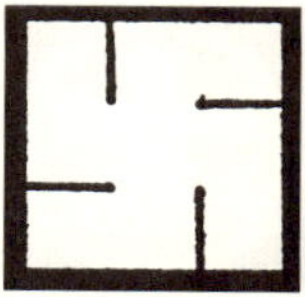

栃木・温泉神社（右万字）

たとえば金刀比羅宮の丸に金、白鳥《しらとり》神社の丸に白、城山《きやま》神社の丸に城、琴弾《ことひき》八幡宮の丸に琴など。社号にはなくとも、鳥取県の方見神社のように祭神天照大神の天を丸に入れているもの、新潟県の弥彦神社のように越後の大社として大の字を入れるばあいもある。

そういう意味では、この神紋は、そのものズバリで明解である。丸に金の字の金比羅サマなど、もっとも大衆に親しまれている紋といえよう。

浅間神社、二荒山神社、都農神社のように数字の一は一宮《いちのみや》のシルシ（一宮とは平安の末諸国の神社をランクづけし、その第一位の社をい

東京・根津神社
（万字巴）

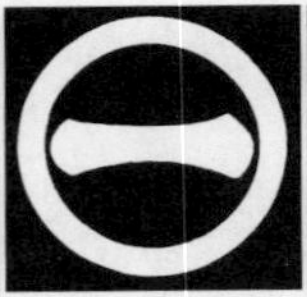
栃木・二荒山神社
（丸に一の字）

長野・伊豆毛神社
（丸に人形三線）

新潟・弥彦神社
（丸に大の字）

う）。三は三島神社や三上八幡の社号から、五の字は五社神社、八の字は八幡さま、十字は島津氏の家紋からなる。なかでも十文字が多い。

地域的にみると鹿児島県で島津氏のゆかりから用いたもの。祭神が島津藩主のばあいが多い。これは馬具のクツワ（轡）に似ているのでクツワ紋、十字架に似ているのでクルス紋（十字架紋）ともいうが、島津氏が用いたのは、このどちらとも異なり文字の十字から来たことは、古形では丸がないし、またキリスト教伝来以前から用いられていたことでもわかる。

この十字は、呪文《じゅもん》で、無病息災をあらわす。いまでも地方によっては生まれた赤ん坊のオデコにこの十字を書いたり、子どもが遊びに出かけるとき、母親が背中に十字を指で書いたりする。

長野県の伊豆毛《いづも》神社は人形を三本重ねる。その出所は、『文体明弁』に「祝文者饗神之辞也」とあり、示は神、兄は口と人で意味は、人が神にものを奏する意――山形は口のシルシという。

秋田県の太平山三吉神社総本宮では「三吉紋」。三吉大神に因んで、吉の字を三つ合わせ、図案化した。北海道の岩見沢神社では、八

鳥取・方見神社
（丸に天の字）

兵庫・夜比良神社
（亀甲に米の字）

山梨・八幡神社
（丸に八の字）

新潟・五社神社
（二重亀甲に五）

咫鏡をリンカクとし、中に岩の字を配した。大正十四年の新紋である。

　愛知県の砥鹿神社では、亀甲に卜象《うらかと》といって中に「卜」の字を重ねる。これは中国古代の亀甲を焼いて生ずるヒビ占い（亀卜）に由来する。さらに卍（卐）であるが、万字を当てる。略説すれば、仏教の寺院で多用されるように、仏の無量光をあらわす。根津神社のように巴形に変形したものもある。

山口・宇倍神社
（亀の字くずし）

山口・松陰神社
（木瓜に左角立て卍）

島根・伊太祈曾神社
（丸に太の字）

島根・熊野神社
（亀甲に大の字）

高知・三上八幡宮
（丸に三の字）

香川・琴弾八幡宮
（丸に琴字）

徳島・西照神社
（丸に西の字）

大分・西寒多神社
（西の字）

香川・白鳥神社
（丸に白の字）

香川・金刀比羅宮
（丸に金の字）

高知・八王子宮
（丸に八の字）

鹿児島・照国神社
（丸に十の字）

鹿児島・鶴嶺神社
（轡十字）

宮崎・粟野神社
（丸に十の字）

■文字紋使用神社

岡　山	由加神社	丸由
山　口	松陰神社	木瓜内卍
香　川	金刀比羅宮	丸金
	白鳥神社	丸白
	琴弾八幡宮	丸琴
	城山神社	丸城印
	水主《みずし》神社	丸社
高　知	神峯《こうのみね》神社	丸に神
	小村《おむら》神社	丸に小
福　岡	太祖《たいそ》神社	菊に太字
長　崎	猛島《たけしま》神社	丸に島
大　分	浅草八幡社	くりす
宮　崎	都農神社	丸に一文字
	粟野《あわの》神社	丸に十
鹿児島	照国神社	丸に十
	徳重《とくしげ》神社	丸十
	白羽《しらは》火雷《ほのいかづち》神社	丸に十の字
	精矛《くわしほこ》神社	丸に十の字
	鶴嶺神社	丸十
	松原神社	丸十
北海道	金刀比羅神社	丸金
秋　田	太平山三吉神社	三つ吉
栃　木	二荒山神社	丸に一文字
群　馬	高山神社	丸に十
東　京	金刀比羅宮	丸に金
	根津神社	卍巴
新　潟	弥彦《いやひこ》神社	丸大
石　川	能登比咩神社	丸に井桁
福　井	神明神社	王字
山　梨	浅間神社	丸に一文字
長　野	伊豆毛神社	丸に人形三線
愛　知	神明大一社	丸に大一
	巴江《はこう》神社	児
京　都	伏見稲荷大社	目（い）型
	金刀比羅神社	丸金
兵　庫	夜比良神社	六角に米
和歌山	伊太祈曾《いたきそ》神社	丸に太
鳥　取	倭文《しとり》神社	丸に社号
島　根	天豊足柄姫《あめとよたらしからひめ》命《みこと》神社	丸に石の字
岡　山	日咩坂鐘乳穴《ひめさかかなちあな》神社	丸に三

月・星・曜紋――月辰の発祥

日本では、月も星も西洋のようにツノの形ではなく丸形であらわす。ただ月は満ち欠けによる変化があるので、紋にも三日月や半月もある。また、太陽も、日足《ひあし》紋といって光線の放射しているものもある。これらの紋は、大体日月信仰からきている。

天皇ご即位の大典には、いまでも錦の御旗に日、月を据えているように、古くは天皇家のご紋も日月であった。平安後期、菊模様が大いに普及し、ことに後鳥羽帝はこれを愛好され、皇室専用紋にかえるまでは、天皇のシンボルは太陽と月であったことは周知の事実である。

しかし、民間でも用いた。日の丸紋や月星紋がこれである。日の丸は、武田信玄や上杉謙信等の戦国武将が用いたり、三日月は山中鹿之助や伊達政宗等も用いた。

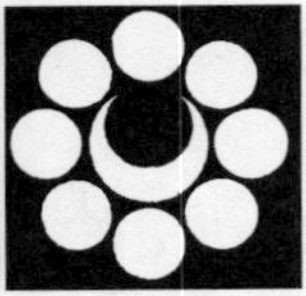
岩手・九戸神社
（八曜に月）

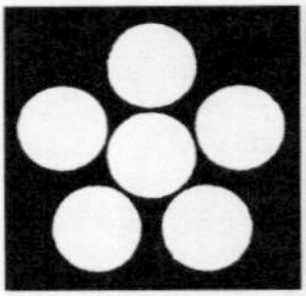
福島・南湖神社
（六曜）

星は、それ以上に、多くの武将によって使用された。九曜星や七つ星などと通称されているものがそれである。元来、「曜」とは、光り輝くもの、すなわち星のことである。日常の暦のうえで、日月と五つ

福井・足羽神社
（三光）

東京・鷲神社
（月星）

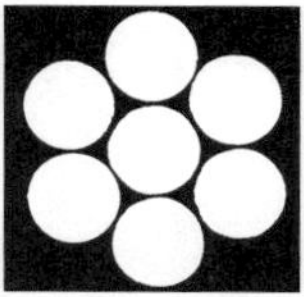
東京・鳥越神社
（七曜）

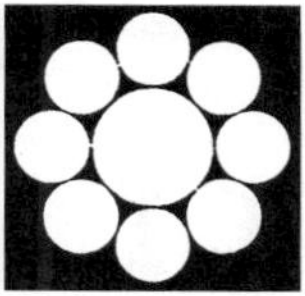
千葉・千葉神社
（九曜）

星をこれに当て、七曜に分けているのも月辰信仰である。

なかでも多用されているのが九曜紋、すなわち九星である。中央にある一個の大星を八個の小星がとりまく。これらを神紋とする神社は月星紋の中で五割をこえる。

多くは桓武平氏良文流の千葉一門と関係のある神社である。同上族は発祥地の千葉県をはじめ、東北、中国、北九州等に広まり屈指の大族となった。この族は、妙見《みょうけん》菩薩を信じ、戦陣に群星を仰いでは祈り捧げた。これによって敗戦の危機をきりぬけることが出来て以来、千葉氏の守護神となったのである。

他の辰星も大体おなじである。千葉一門が後世にはびこると、本宗の紋を多少アレンジした。福島県の南湖《なんこ》神社（六星）、兵庫県の名草《なぐさ》神社（七星）、岩手県の九戸神社（八星に月）、東京都の鷲《おおとり》神社（月星）などがこれである。熊本県では細川氏の縁《ゆか》りで、離れ九曜を用いている。福島県に九曜紋の神社が多いのは千葉氏流相馬氏の藩主を祭神にしている神社か、その庇護をうけている神社が多いからである。

平氏の九曜紋に対して、三つ星紋は源氏のシンボルだ。

三つ星の下に一文字を添えて、三星一文字紋というが、略して「三《み》

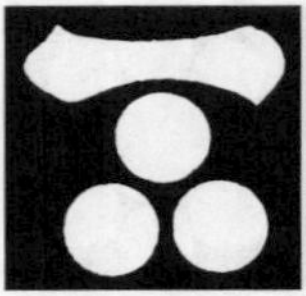
山口・志都岐山神社
（一に三つ星）

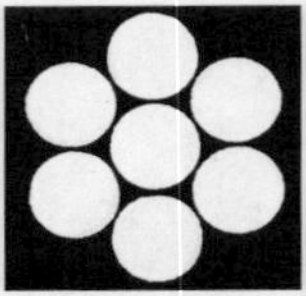
兵庫・名草神社
（七曜）

京都・城南宮
（日月星）

福井・弥美神社
（日月）

つ一《いち》」という。嵯峨源氏渡辺氏の家紋なので渡辺星ともいう。のちには、一文字も略して三つダンゴなどとも言った。この三つダンゴは、わりと多くひろまり、いまでも渡辺サンは大方この三つダンゴだ。「四天王渡辺ばかり紋が知れ」がこれで、むかし、源頼光には渡辺綱のほかに坂田金時、碓井貞光、卜部虎武の三人がいて四天王といわれたが、紋で残ったのはこの渡辺星だけ。

ところが、神紋で用いられてるのは、この「三つ一」ではなく、「一三《いちみ》つ」すなわち「一文字三星」だ。これは、大江氏流の毛利、永井、那波、岩田、宮川の諸氏の家紋だが、総じて山口県、広島県あたりの神社で用いてるのは毛利氏の縁による。たとえば、豊栄《とよさか》神社、豊《ほう》功《こう》神社、志都岐山《しづきやま》神社など、みな毛利藩主が祭神である。徳佐八幡も、毛利公がパトロンである。

めずらしい神紋に「三つ光」がある。三光《さんこう》紋ともいい一名日月星紋ともいう。名称の通り太陽と月と星の三天体が一つの輪の中に組み入れてある。

大宇宙の広大無辺なること、これより大なるはないが、京都市の真《ま》幡《はた》寸神社（城南宮）では、神功皇后三韓征伐のみぎり船首に立てられ

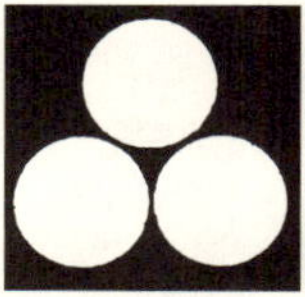

長崎・亀岡神社
（三つ星）

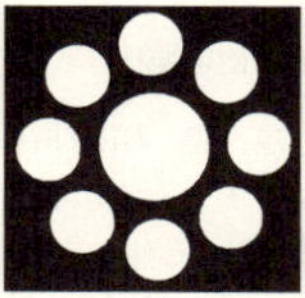

熊本・出水神社
（九曜）

長崎・高城神社
（十二日足）

広島・速谷神社
（八つ日足）

た旗のシルシという。福井市の足羽《あすは》神社、鯖江市の舟津神社では日月星辰の加護のシルシだという。

広島県の速谷《はやたに》神社、長崎県の高城神社、佐賀県の松原神社では、これもめずらしい日足紋を用いている。太陽の光線で、かつての旧海軍の軍艦旗に似ているが、光線の数はふつう六本から十二本である。松原神社の十二本は、二本ずつにまとまっているが、当社では鍋島氏の氏神を祭っているので、鍋島日足といっている。

■月・星・曜紋使用神社

岡　山	八重籬《やえがき》神社	九曜巴	福　島	太田神社	九曜星
広　島	速谷神社	八つ日足		相馬神社	相馬九曜
	亀山神社	日月の紋		蛇沢稲荷神社	九曜
山　口	野田神社	一三つ		相馬小高神社	九曜
	徳佐八幡宮	一に三星		南湖神社	六曜星
	志都岐山神社	一三つ	栃　木	唐沢山《からさわやま》神社	九曜
	豊功神社	一三つ	千　葉	千葉神社	月星
	豊栄神社	一三つ紋		千葉神社	九曜
長　崎	亀岡神社	三つ星	福　井	弥美《みみ》神社	日月
	高城神社	十二日足		舟津神社	三光
熊　本	八代《やつしろ》神社	九曜		足羽神社	三光紋
	代継《よつぎ》宮	九曜	岐　阜	常葉《ときわ》神社	九曜星
	住吉神社	九曜	静　岡	伊豆山神社	九曜星
	出水《いずみ》神社	九曜紋	京　都	真幡寸《まはたき》神社	三光（日月星）
宮　崎	鵜戸《うど》神宮	九曜	兵　庫	名草神社	七曜星
	榎原《よわら》神社	九曜			

柏紋――神事用具からの発祥

柏木に葉守の神のましけるを知らでぞ折りし祟《たた》りなさるな　　大和物語

神霊の宿る柏木を折って、その恐怖におののく気持は、現代人には想像もつかない。
伊勢神宮ではいまでも七月十四日、カシワの葉を流し、浮かんで流れれば吉、沈めば凶の神事を行なっている。江戸時代には、それに用いるカシワを伊勢の土《と》貢《く》島から献じたというが、『明徳記』を見ると、このカシワは二見浦の佐々良島高峰絶壁に生えているミツナカシワ（三角柏、御綱柏）を刈り落とし、波間に浮き沈む葉によって神事を占った。

島根県簸《ひ》川《かわ》郡佐田町（現・出雲市）の須佐神社のはなしでは、太古稲田姫が誕生山でお産をされたとき、その始末をカシワで包み、松の葉で綴じて川に流した。ところが、流瀬川の岸辺に漂着したつつみは、根葉《こんよう》を生じ、たちまちに育生繁茂した。現在の佐田町宮内がその地点であるという。須佐神社の神紋を見ると「二重亀甲に蔓《つる》柏」であ

新潟・大幡神社
（三葉柏）

石川・楢本神社
（抱き柏）

奈良・橿原神宮
（橿葉）

兵庫・西宮神社
（三葉柏）

兵庫・福応神社
（丸に三つ柏）

滋賀・多賀神社
（虫くい折れ柏）

るが、社伝によったものであり、柏葉の間にみえる三本のツルは、松葉を象ったものという。

古事記には、天皇が髪長比売《かみながひめ》に命じて、大御酒の柏の盃を皇太子に贈った、とある。元来、カシワは堅《かた》し葉《は》で、古代では特定の木の葉を指したものではない。たとえば、万葉集の「家にあれば笥《け》に盛る飯を草枕、旅にしあれば椎の葉に盛る」とあれば椎の葉がカシワである。同じく万葉集に「酒飲むという、このほほガシワ」とあるのは、朴《ほお》の木がカシワである。カシワは、従って古代は飲食物を盛る木の葉の総称だった。古代人は、自分たちが食するまえに、まず氏神にそれを供したであろうし、神意をこの供饌の間に感じたであろう。いまでも宮中や神宮ではカシワデということばが生きており、神や貴人に食膳を供する人たちを言う。しかも、神や貴人に食を供するということは、重大な役である故、膳夫司《かしわでのつかさ》は、また神聖な職であった。

さて、食物を盛るカシワは、硬質、広葉の植物がもっぱら用いられた。が、用途によっては細葉、細枝も用いられた。たとえば、土器で食物を蒸すときはイブキ（柏槙《びゃくしん》）といって、檜に似た葉の植物がつめられた。包んで蒸焼きにするときは、オオタニワタリなどが用いられ

島根・須佐神社
（二重亀甲に蔓柏）

福岡・恵比須神社
（蔓柏）

島根・日御碕神社
（三つ柏）

和歌山・竈山神社
（子持ち三つ柏）

た。これらもカシワの名でよばれるが、ふるい書物に出てくる名称は、現在の、どの植物であるか、ちょっとわかりかねることもある。そこで、特別に柏紋を用いていられる神社のために、すこし、カシワの種類をあげてみることにする。

- カシワ
  - 広葉
    - ブナ科―カシワ（柏木、餅柏、檞、槲、白檞）
    - モクレン科―ホオノキ（ホオガシワ、厚朴、朴木）
    - トウダイ草科―アカメガシワ（ゴサイバ、サイモリバ）
  - 針葉
    - ヒノキ科
      - ヒノキ（扁柏、檜）
      - アスナロ（アスヒバ、ヒバ、アテ、羅漢柏）
      - コノテガシワ（柏、栢、側柏）
      - ビャクシン（イブキ、イブキビャクシン）
    - イワヒバ科（シダ類）―イワヒバ（イワドカシワ、ハイマツ、ハイクミ、イワコケ、巻柏）
    - ウラボシ科（シダ類）―オオタニワタリ（タニワタリ、御綱《みつな》柏《かしわ》、三角《みつの》柏）

広葉では、ブナ科のカシワに代表されるが、古代人は気軽にいろい

高知・山内神社
（丸に土佐柏）

熊本・本渡諏訪神社
（丸に蔓柏）

ろの木の葉を用いたらしい。たとえば、食物を包んだり、盛ったり、覆ったり、また包んで蒸焼きにしたりもした。針葉系では、土器で蒸焼きにするとき、中に葉をつめたり、そのまま包んで蒸焼きにした。いまでも、大嘗祭には、宮中で古式ゆたかに柏をもちい、神供の食膳を整えるところを見ると、長くつづいてることにおどろく。

カシワが、そうした意味で、神のシンボルと見なされるようになったため、神紋に多く採用された。兵庫県の西宮神社をはじめ、諸国のエビス社では三つ葉柏を用いる。福の神としての信仰は広まり、近世では、商売の神にもなった。同じ兵庫県の佐用都比売《さよつひめ》神社では、五つ柏、石川県の楢本《ならもと》神社では二葉の抱き柏である。

山口県佐波郡徳地町（現・山口市）の八幡宮では、祭礼に川蜷《かわにな》をとり、柏の葉に盛って神に供える。社伝によれば、景行帝が芳婆磨行幸のとき川蜷を柏葉に盛って御饌に供したという。ここも三つ柏。

熊本県の本渡市（現・天草市）の諏訪神社は本来は梶紋であるべきところ須佐神社と同形の蔓柏を使用している（但し丸で囲む）。これはなにか関係があるのかもしれないが、いまのところ詳しくはわからない。宮司の大野氏は十八代つづく社家であるが、家紋には抱き柏を用いている。神に仕える神職が柏紋を使用することはきわめて多く、たとえば、伊勢神宮の社家久志本氏、尾張の熱田神宮の社家千秋氏、備前吉備宮の大守氏、須佐神社の須佐氏、日御碕《ひのみさき》神社の小野氏、宗像神社の宗像氏などみなこれである。

高知県の山内神社は、祭神が土佐藩主で、家紋からきた土佐柏を神紋に用いている。

■柏紋使用神社

新　潟	大幡神社	三葉柏
富　山	櫟原《いちはら》神社	番柏
石　川	楢本神社	だきがしわ
岐　阜	八幡神社	丸に三つ柏
	日枝神社	剣附つるかしわ
静　岡	伊古奈比咩命《いこなひめのみこと》神社	三つ柏
三　重	能褒野《のぼの》神社	三樫葉
兵　庫	西宮神社	三葉柏
	広峯《ひろみね》神社	かん入りダキカシワ
	福応《ふくおう》神社	丸に三つ柏
	大売《おおひるめ》神社	合せ柏
	佐用都比売神社	五つ柏
奈　良	橿原神宮	橿葉
和歌山	竈山神社	子持三つ柏
島　根	日御碕神社	三つ柏
	須佐神社	二重亀甲につるかしわ
	天健金草《あまたけかなかや》神社	つる柏葉
徳　島	天石門別八倉比売《あめのいわとわけやくらひめ》神社	だきかしわ
高　知	山内神社	三葉柏
	天忍穂別《あめのおじほわけ》神社	三葉柏
熊　本	本渡諏訪神社	丸に蔓柏
大　分	深山八幡社	中川柏
	浅草八幡社	柏

橘紋——常世の珍果

橘のかげ踏む路の八ちまたにものをぞ想う妹に逢わずて　万葉集

あなたに逢えないので、八ちまたの路の橘の蔭をふむように想い乱れている。当時、橘は街路樹のように植えられ、万葉人の目を楽しませていた……。

この木は、多く花の美しさについて歌われているが、その理由は、酸味のつよい実が食用に不適であったからであろう。いまの蜜柑の原種で、京都御所の右近の橘はこの種のものである。しかも、香気がつよく、実の美しさは天下一品で、田道間守《たじまもり》が垂仁帝の命令で常世《とこよ》の国からもたらしたとの伝説にふさわしい。その田道間守が勅命を果たし帰朝したときは、帝はすでに亡く、かれは御陵のまえで慟哭号泣、ついに絶命したという。以後ふきんには橘が植えられ、世々天皇に献上されることになった。桜井市穴師の大兵主神社ではこの将来献上物の橘がいまの大和ミカンのもとで、当社地がその発祥地と信じている。

秋田・能代八幡神社
（菊橘）

滋賀・井伊神社
（丸に橘）

大阪・生国魂神社（橘に右三つ巴）　京都・平安神宮（桜に橘）　京都・梅宮大社（橘）　愛知・若宮八幡社（三つ足橘）

神紋の橘はそれを記念している。奈良県では、大和《おおやまと》神社ほか数社で橘を用いてるが、大体同じような社伝がある。

但し、広瀬神社には次のような言い伝えがある。「あるとき広瀬臣《おみ》は、日ごろ信仰している祖神から〈水足池を陸地に変えん〉とのご神託が下った。おどろいて水足池に駆けつけると、池はにわかに干あがり、一夜にして坦々たる陸地に変わっている。そればかりか、橘の数千本が森をなして育生していた」と。いま神社の境内には池のこん跡があるが、神紋はこれに由来する。なお、つづいて社伝には「持統天皇が行幸の折、愛犬が橘を食し、錯乱狂気した。天皇は当社に祈願をするとたちまち平癒した」ともある。

橘紋は橘氏のシンボルである。後世橘紋を家紋に用いたのは橘氏が「諸兄《もろえ》を中心に政権を握った上代の栄光」を記念するため。しかし、橘氏の氏神・梅宮大社が、藤原氏の氏神・春日大社ほど知られていないことは、とりもなおさず、橘氏が発展していないということである。非時香果《ときじくのかぐのこのみ》をもたらした田道間守の話も悲話であるが、橘氏一族が藤原氏に政権の座から追い落とされるさまも、また哀話である。

さらに、壮烈なのは、日本武尊の身がわりに荒海に投身した弟橘姫

■橘紋使用神社

秋田	八幡神社	菊橘
千葉	橘樹神社	橘
福井	佐伎治《さきち》神社	橘
愛知	片山八幡神社	橘
	若宮八幡社	三つ足橘
滋賀	井伊《いい》神社	丸に橘
京都	石清水八幡宮	橘
	平安神宮	桜に橘
	梅宮大社	橘
	御香宮《ごこうのみや》神社	橘
大阪	生国魂《いくくにたま》神社	左巴に橘の比翼
兵庫	中嶋神社	丸に橘
	鳥飼八幡宮	橘巴
	岩屋神社	橘
	伊弉冉《いざなみ》神社	橘
奈良	大和神社	橘
	広瀬神社	橘
	穴師坐兵主《あなしにますひょうず》神社	橘
島根	平浜八幡宮	亀甲に橘
高知	朝倉神社	橘
佐賀	香橘神社	橘
宮崎	東霧島神社	橘

奈良・大和神社
（橘）

奈良・広瀬神社
（橘）

大分・宇佐神宮
（橘）

奈良・穴師坐兵主
神社（橘）

のはなしである。田道間守は中嶋神社に、橘諸兄は香橘《こうきつ》神社に、弟橘姫は橘樹神社にそれぞれ祭られている。神紋はともに橘であるが、この神紋はまさに悲紋といえよう。

かわって京都の平安神宮。往時の平安京正庁朝堂院を模したもので、神紋に菊のほかに桜と橘を用いる。これは、左近の桜、右近の橘を意味する。

折敷《おしき》に三文字紋——三島大明神の紋

静岡・三嶋大社
（隅切角に三文字）

愛媛・大山祇神社
（折敷に縮み三文字）

隅切角とは方形の隅を切った八角形、その中に三の字を入れた紋。むかし、神に供える食器には、柏の葉などのほかに、種々の樹木の枝などを折り敷いて用いたが、のちに扁柏《ひのき》の片《へ》木《ぎ》を折って角盆をつくり、やはり折敷《おしき》といって使用した。さらにその盆の三方に穴のあいた台をつけ（三方といって）いまでも神具に使っている。この三方又は折敷を真上からみると、八角形になって、その中に三島大明神の「三」を入れれば、「隅切角に三」の神紋ができあがる。

折敷紋は、もと傍《そば》折敷（側折敷）または角折敷、平折敷といって、方形の隅を切らないものであったが、のちに隅切に変化した。さらに、隅入折敷といって四隅が内に入りこんでいるものもあるが、神紋としてはあまりみかけない。中の文字は縮《ちぢみ》三文字が多いが他の字形もある。

いずれにしても、これらの神紋を用いる神社は海上鎮護の神、大山《おおやま》祇命《つみのみこと》（三島大明神）をまつる。その宗社は愛媛県の大山祇神社でか

折敷に三文字紋の分布
(旧社格県府社以上)

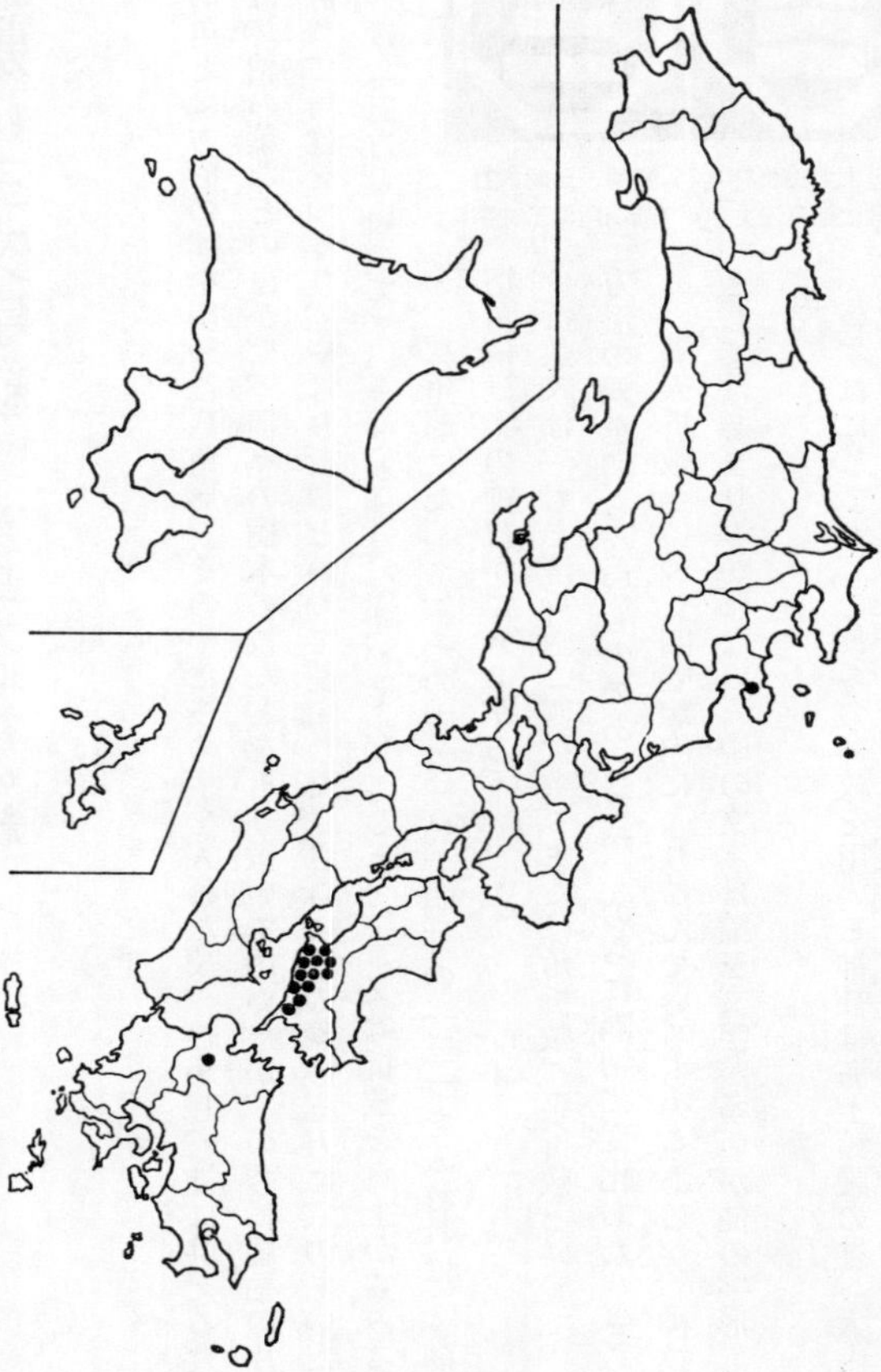

つて日本総鎮守と称せられた。

また、この神紋は、当県に大部分がかたまってあり、その氏子である越智、河野、久留島、一柳氏等一族の家紋でもある。

■折敷に三文字紋使用神社

静　岡	三嶋大社	角切三
愛　媛	伊豫《いよ》神社	隅切角に三
	野間《のま》神社	そばおしきに縮三文字
	阿沼美《あぬみ》神社	縮三
	高繩《たかなわ》神社	縮み三文字
	三島神社	角切三
	大浜八幡大神社	そばおしきに三文字
	三島神社	ちぢみ三
	別宮大山積《おおやまつみ》神社	角切三文字
	川上神社	角切縮三
	一宮《いちのみや》神社	角切の縮み三
	大山祇神社	角切縮み三文字
	浮嶋神社（大三島）	角切り折敷三文字
大　分	末広神社	角切角に縮み三

梶の葉紋――神霊の宿る紋

いま、七夕祭には笹の葉に色紙を結んで供えるが、平安期は梶の葉が用いられた。後拾遺集の「天の川とわたる舟のかぢの葉に思うことをも書きつくるかな」がこれである。ふるくは、七枚の梶の葉に詩歌などを書いて、恋の成就などを願ったりしたが、想うことのない人は、「かぢの葉はよんどころなくちらし書き」で、いまは「七夕」とか「天の川」とか書くことですましている。

この七夕に梶の葉を用いるのは、梶の皮が古代は白和幣《しらにぎて》の材になり、葉は柏と同じく神前に供する食器として用いられたからである。すなわち、梶も柏と同様、神聖な木であった。

梶は本来「穀」とも書き、楮《こうぞ》と同様、布や紙の原料になったから、貴重な植物であったことは事実である。この穀の葉がデフォルメされて、現在の紋章の形になっているが原形はこれとは大分違う。しかし、用いられた年代について言えば平安期の末には、すでに定着していたものと思う。というのは、治承四年源頼朝が挙兵のとき、諏訪神

長野・下諏訪神社
（諏訪梶）

長野・上諏訪神社
（諏訪梶）

徳島・忌部神社
（梶の葉）

長野・岡宮神社
（梶の葉）

長野・生島足島神社
（梶の葉）

長野・諏訪社
（一本梶の葉）

社の神官篤光の妻が、「諏訪明神が梶葉の紋の直垂《ひたたれ》を着て、源氏の味方と称し、西天に向って疾駆した」と霊夢を告げているからである。まさに、梶は諏訪神社の神紋であった。

諏訪神社は、ご存知のように大国主命の御子・建御《たけみ》名《な》方富《かたとみ》命を祭る。出雲の国ゆずりにも最後まで天孫族にレジスタンスした神。その勇壮無比なことは、天下に普く知られるところ。不幸にして出雲から諏訪に逃げられたが、荒々しさはその後も消えず、妻の八《や》坂刀《さかと》売《め》神に会われるために諏訪湖のおわたりには、勢い天地にとどろき、結氷も亀裂する——諏訪湖の御神渡りである。

こうした伝説からみると、すでにタケミナカタノ神は、その発祥から天孫族に対する抗争の念を秘めている。諏訪神社は上下社にわかれ、ふしぎな数々の行事はあるけれど、その本質がいまだにアイマイモコとしているのはそのためで、はっきりしてはまずいのである。この英雄の業績は、その後、天孫族の目をかすめて各地にひろまった。それ故、祀る神社も多く、信濃が一一一二社、越後が一五二二社。上野、甲斐、越中では全神社数の約二割。薩摩でも島津氏の信仰から諏訪神社は多く一一八社。

福岡・宗像神社
（梶の葉）

長崎・諏訪神社
（梶の葉）

これらの神社はそのシンボルに梶紋を用いているが、本社・諏訪大社の梶紋も三葉のもとにそれぞれ小枝があり、さらに四本の根（上社）か五本の根（下社）がある。すなわち「根あり梶」で、一名「諏訪梶」といっている。全国のお諏訪さまでも、これらの形をそれぞれ変形している。いちばん多いのは、大社の三葉の中から一葉だけを取り、これで代表している。但し根はない。また、なかには丸で囲ったのもある。これらの変形を見ると、新古の形象と神紋変遷の歴史もわかるが、これらの神紋の広まりは、諏訪信仰の広まりであり、諏訪神官の熱心な布教による。神官の代表的な社家とその一門に、神、諏訪、神野、千野、神田、神内、小坂、金刺《かなさす》、祝、茅野《ちの》、矢守、今井、宮坂、小松などがある。これらの諸家には豪族化し、武士化し、他国に転出したものもあるが、南北朝のころ、北朝に破れた村上氏のように西海に逃げても諏訪神社を勧請し、海賊として威光をほこったものもいる。みな梶紋だ。

諏訪大社では、大和の大神《おおみわ》神社と同じく本殿がなく、それにかわる神木がある。この形こそ、日本における最古の形式をのこしている証拠である。神木を伝わって、神が降臨される。神木はアンテナである。しかし神はいずれから来るかわからない。そこで、四方にレーダーの役をする柱を四本たてる。これが御柱《おんばしら》だ。七年に一度の寅《とら》と申《さる》の年に氏子総出して、この祭はおこなわれる。春秋四社ともコロ一つ使わず、テコと曳綱で八ヶ岳や霧ヶ峰の山奥から、山窟、田畑もかまわず数百人動員して直送される。その御柱を立てるとき、大きな×形のキズがつけられるが、これこそタケミナカタノ神の怒りのシンボルである。梶の葉の神紋が本紋の鎌になって、天空に咆哮するときである。

■梶の葉紋使用神社

秋田	諏訪神社	梶の葉
新潟	平潟神社	梶の葉
長野	諏訪大社	諏訪梶
	生島足島《いくしまたるしま》神社	穀葉
	科野《しなの》大宮社	根梶
	八劒《やつるぎ》神社	明神梶
	健御名方富《たけみなかたとみの》命彦神別《みことひこかみわけ》神社	梶の葉
	新海三社《しんかいさんしゃ》神社	梶の葉
	守田神社	梶の葉
	岡宮神社	梶の葉
	手長《てなが》神社	梶の葉
	諏訪社	一本梶の葉
	大宮諏訪神社	梶の葉
	妻科《つましな》神社	梶の葉
	深志《ふかし》神社	梶の葉
岐阜	大津神社	梶
三重	諏訪神社	かじの葉
岡山	志呂《しろ》神社	二重亀甲に梶の葉
徳島	忌部《いむべ》神社	かじの葉
福岡	宗像神社	梶の葉
長崎	諏訪神社	梶の葉

鷹の羽紋——阿蘇神社の神紋

大阪・御幸森天神宮
（桐に鷹）

岐阜・宮谷神明宮
（抱き鷹の羽のうち花菱）

富山・雄山神社
（違い鷹の羽）

鷹の羽を矢に用いたことは大へん古い。東大寺献物帳にも「鷹の羽の麻利矢五十隻を納める」とあるから、上等の矢には、鷹の尾羽を用いていたこともわかる。鷹の尾羽根は、並んだ白黒の重ね模様が特徴であるが、天空たかく飛翔する猛《たけ》き鳥——鷹の姿は、まことに古代の武将のあこがれのシンボルでもあった。それ故、かれらは正式の場では冠に鷹の羽を差したもので、武威を第一と心得る当時の男の心意気を感ずる。

後世、家紋に鷹の羽を用いる諸大名、旗本等はきわめて多いが、武門で最初に用いたのは菊池氏である。『菊池風土記』を見ると、第六代隆直が、阿蘇神社に参籠した時、土器の上に鷹の羽が舞い下った。隆直は「これはめでたい」とさっそく紋としたという。隆直は源為朝に仕えた武士だから、鷹の羽の紋も平安後期にはすでにあったことがわかる。それ以前は日足紋を用いていたという。さすれ

熊本・阿蘇神社
（違い鷹の羽）

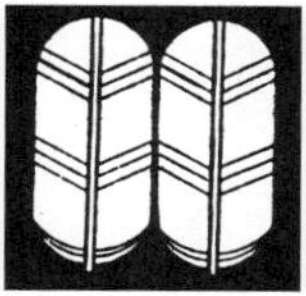
熊本・玉名神社
（並び鷹の羽）

熊本・菊池神社
（揃い鷹の羽）

福岡・英彦山神社
（抱き鷹の羽二引き）

ば、この紋は阿蘇神社から賜わったことになるが、阿蘇神社は、もともと鷹の羽を神紋とし、宮司阿蘇氏も同紋である。神紋としても、ふるいことがわかる。

阿蘇神社の主祭神は健磐龍神《たけいわたつのかみ》。この神は神武天皇の皇子神八井耳命の御子である。父神の命で北九州の討伐に向かわれたが、西戎の平定後肥後に落着かれた。そこで阿蘇津姫を娶り、阿蘇に住まわれたが、一名、阿蘇津彦とも申し、一門は景行天皇の熊襲征伐のとき協力している。阿蘇神社（延喜式には健磐龍命神社）が、神紋に鷹の羽を用いることは、この武威にあやかったためであることは明らかである。即ち九州平定のシルシなのだ。

鷹の羽を神紋とする神社が、福岡と熊本二県に多いのはそのためである。阿蘇神社では本紋は違い鷹の羽、裏紋に舞鶴を用いている。戦争と平和だ。菊池神社では、並び鷹（そろい鷹）を使用。『蒙古襲来絵詞』にも、菊池十代武房の陣営にこの紋がつけられている。大体パターンはこの二つであるが、古い形は丸がない。大分県竹田市の広瀬神社は並び鷹であるが、祭神は日露戦争に旅順口閉塞船を指揮中、戦死した広瀬武夫を祭る。これは広瀬家の家紋から

大分・広瀬神社
（丸に揃い鷹の羽）

来ているが、もともと肥後の菊池一族である。

変形されたパターンとしては、福岡県英彦山《ひこさん》神社の「抱き鷹に二つ引」、広島市の饒津《にぎつ》神社の安芸鷹の羽、これは浅野家の家紋を使用。岐阜県の宮谷神明宮の抱き鷹に花菱、大阪市の御幸森天神宮の桐に鷹、これは祭神仁徳天皇が鷹狩りをされたことによるという。

■鷹の羽紋使用神社

福　島	三春大神宮	違い鷹の羽
	安積国造神社《あさかくにつこ》	違い鷹の羽
富　山	雄山《おやま》神社	違い鷹の羽
岐　阜	白山神社	鷹の羽交
島　根	井戸神社	たかの羽違い
岡　山	天石門別《あめのいわとわけ》神社	丸に並び鷹の羽
広　島	饒津神社	安芸鷹の羽
高　知	高岡神社	八角に鷹の羽違い
福　岡	英彦山神社	だきたか二びき
	香春《かわら》神社	丸に違い鷹の羽
	高住《たかすみ》神社	鷹羽に二
	鷹尾神社	丸に揃い鷹
	菊池神社	双鷹の羽
熊　本	阿蘇神社	鷹の羽の打違い
	菊池神社	揃い鷹羽
	男成神宮	違い鷹
	青井阿蘇神社	丸に違い鷹の羽
	大宮神社	丸に揃鷹
大　分	広瀬神社	丸に揃鷹の羽

引両紋——登竜のかたち

引両は引竜《りょう》で、竜が横たわっている象《かたち》をあらわす。一匹で一つ引竜、二、三匹では、それぞれ二つ引竜、三つ引竜というべきだが、竜の字をかりに両に当てた。タテに引いたものは縦引両という。竜を象《かたど》ったことは同じであるが、ふつう周易から出た形だから、横線のほうが発生的にはふるい。中国では、易筮《えきぜい》のとき算木を六本横にならべて陰陽（⚋⚊）にわけ、それぞれ天地自然、人事百般をこれに当てて説明した。たとえば、䷀と陽を六本ならべれば、易では「乾《けん》」といって大いにものの成功する積極的な象である。それ故、この横棒を古代の中国人は竜にことよせて解き、最下位の棒を竜の潜んでいる姿とか、最上位の棒を登竜などといって、人間の地位ののぼりつめた象になぞらえたりする。

福島・都々古別神社
（丸に二つ引両）

日本では、五経の一つとして中国から「易経」が渡来すると、この学問は次第に広まった。しかし大へんむずかしい哲理なので、一般にはあまり人気はない。ところがみょうなキッカケで、このシルシが使われ出した。

皆さんは、幕府ということばをご存知であろう。武家政治の政府の

滋賀・油日神社（木瓜に二つ引両）　福井・藤島神社（大中黒）　群馬・新田神社（丸一中黒）　福島・住吉神社（縦三つ引両）

あり場所をいうが、もともとこの幕府は、戦陣中大将の陣屋に張りめぐらされた幕である。そこに大将が陣どって命令を下したりした。この幕には、白布に黒線が引かれている。白黒の布地をつなぎ合わせてつくったから当然そうなる。ふつう、白三、黒二の五枚の布を用いたから白地に黒二線の模様となった。これが二匹の竜にたとえられ、大将の陣幕として、きわめて意味のあるものと見られるようになった。すなわち、中にいる大将は、天下を取る大将軍にも比せられたのである。また実際に天下を取った足利氏は、このカタチを自家の家紋にしたのである。足利氏の二つ引に対して、同じ源氏出身の新田氏は一つ引、三浦氏は苗字にちなんで三つ引にした。

　神紋としては、群馬県の新田神社、福井県の藤島神社をはじめ、新田一族を祭る神社では一つ引（大中黒）を用いている。長野県の象山《ぞうざん》神社は、佐久間象山家の家紋の三つ引、福島県の都々古別《つつこわけ》神社は、スポンサー畠山氏の家紋の二つ引（この例が一番多い）、宮城県の刈田《かった》嶺《みね》神社、愛媛県の大本神社はパトロン伊達家の家紋・縦三つ引（三段頭）をそれぞれ使用。ついでに言えば、足利尊氏は史上傑出した武将であったが、南北正閏《せいじゅん》論にたたられ、ろくに神社にも祭られていない。二つ引では足利市郊外に樺崎八幡があるが、かつての樺崎神社で、祭神は源義家の曾孫足利義兼。この武将は頼朝に従って奥州征伐で大功をたてたが、やはり正閏論にたたられて八幡宮の社名でわずかに廃社をまぬがれた。

京都・網野神社
（丸に三つ引両）

■引両紋使用神社

宮　城	刈田嶺神社	丸に三本立引
福　島	都都古別神社	丸に二つ引
	住吉神社	縦三つ引
群　馬	新田神社	丸一中黒
東　京	新田《にった》神社	新田の中黒
福　井	藤島神社	大中黒
長　野	象山神社	丸に三つ引き
静　岡	賀久留《かくる》神社	丸に二つ引
滋　賀	油《あぶら》日《ひ》神社	木瓜に二引
京　都	網野《あみの》神社	丸に三つ引き
兵　庫	正八幡神社	二つ引
	射楯《いだて》兵《ひょう》主《ず》神社	二つ引
	荒田神社	丸に二
岡　山	高野神社	丸に二引
熊　本	八代神社	二引両

鶴紋——吉祥のしるし

神奈川・平塚八幡社
兵庫・諭鶴羽神社
（鶴の丸）

神奈川・鶴岡八幡宮
（鶴丸）

青森・糠部神社
青森・三八城神社
（向い鶴）

鶴は、もうわれわれの世界からは、まぼろしの鳥となってしまった。丹頂、真鶴、鍋鶴の一部が、わずかに北海道の釧路、山口県、鹿児島県に渡ってくるにすぎない。むかしは数多くきていて、鶴と人間とのやさしい交歓のはなしなども伝わっている。江戸のまちでも将軍は鶴の捕獲を禁じたので、たくさんやってきた。その中の一羽は、毎年天皇に献上するならわしであった。朝鮮語ではツルミ、日本語ではツル、ともに同系の語で、シベリヤから渡来し、朝鮮や日本で越冬する。地名に真鶴とか鶴里とか、ツルのつく地名が多いのは、鶴のいた証拠である。

鶴を神紋とする神社では、多くその社伝を持っている。兵庫県の諭鶴羽《ゆづるは》神社では、祭神イザナミノ命が鶴に乗って諭鶴羽山上を飛翔中、射矢にあたり山頂に降臨した。村民は傷鳥のために社を創建したという。いま、ユズリ葉を神木としているが、これは鶴の羽を象

熊本・阿蘇神社
（舞鶴）

岡山・鼓神社
（舞鶴）

島根・物部神社
（日負鶴）

兵庫・波々部神社
（根引松鶴）

ったものという。神紋は鶴の丸。島根県の物部《もののべ》神社でも似たような社伝がある。祭神・宇摩志麻遅《うましまぢ》命《のみこと》が諸国国見のため白鶴に乗って当山に降臨された。いまもその地を鶴降山（都留夫《つるふ》山）といい、山上の岩は神聖視されている。ウマシマヂノミコトは、日を負ってそこに立たれた。神紋日負い鶴はそれをあらわしている。さらに兵庫県の波々部神社では、もっと具体的な例を示す。『宝暦改記録帳』を要約すると、源家の大将多田満仲が願文成就の折、本社再建を果たし、さいごに奉納の幕紋を問うたところ、ちょうど二羽の鶴が根引松をくわえて舞い降りた。これこそ牛頭《ごず》天王の神示として、幕紋に「くわえ鶴」をきめたという。

　鶴紋の多いのは、青森、岩手県である。ここは、むかし南部氏の領地であった。南部系図によれば「当家は、はじめ割菱であったが、秋田氏と戦った折、戦陣に鶴が二羽舞い降りて、戦勝を告げた。向い鶴紋に改めたのはそのためである」と。南部氏は、多くの神社に寄進し、社殿改築や修理をおこなったが、その敬神の念に応えて鶴紋を採用した神社が多い。

　源頼朝はある日、天下統一を祝って、鶴岡八幡宮から千羽の鶴を放

鶴紋の分布
（旧社格県府社以上）

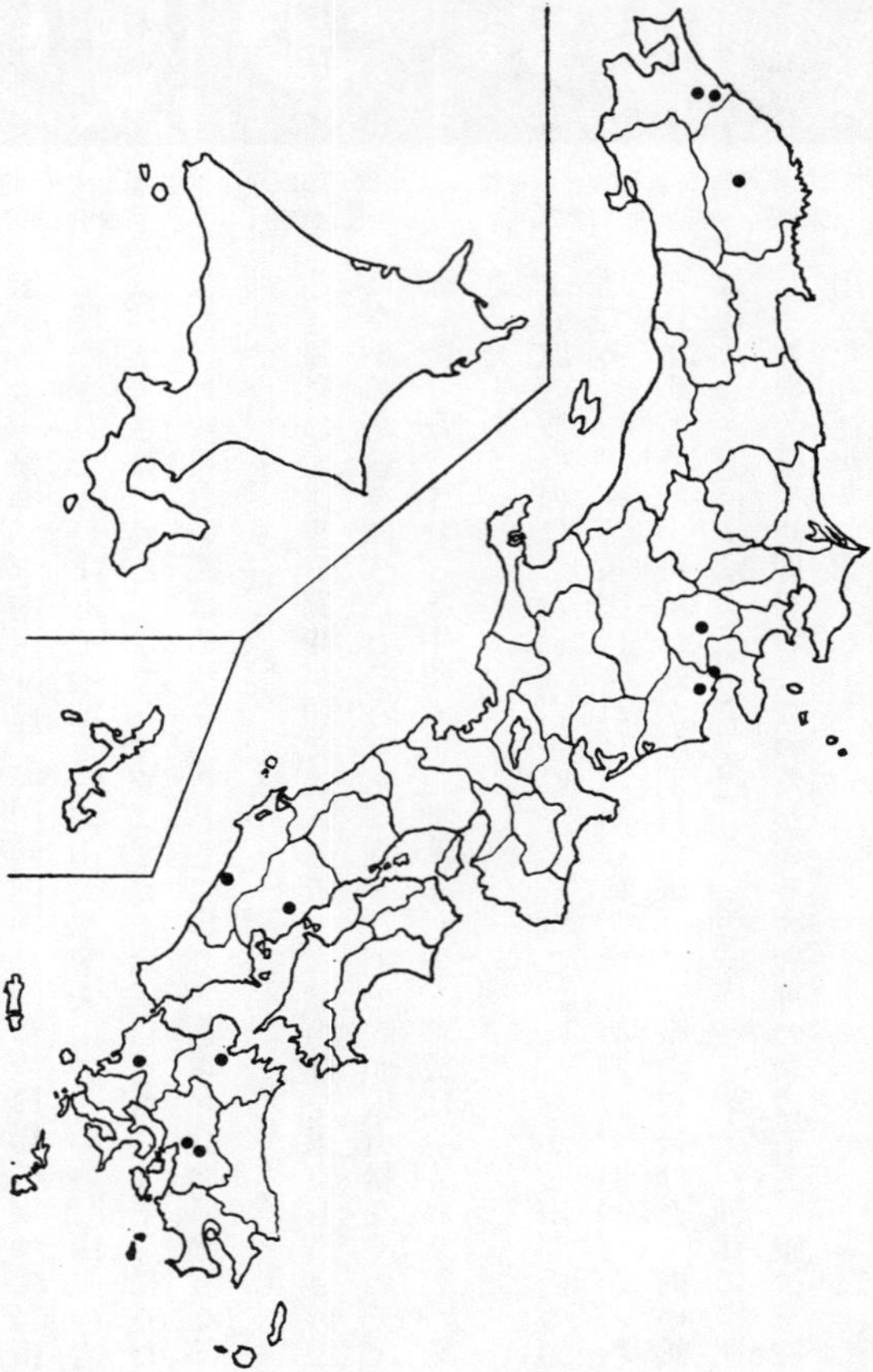

った。しかもその足に金の短冊をつけていっせいに飛び立つ群鶴の美しさはまさに壮観であったろう。後世、川柳子も「鎌倉の鶴は片足重く舞い」とある。神紋鶴の丸はその故事によると。南九州には河尻神宮、鶴山八幡をはじめ神紋に鶴が多い。ここにはいまも鶴の渡来地(阿久根市、出水市など)があるが、かれらは鶴を信仰の対象として扱ったのである。島津氏でも旗印や城名に使用している。

■鶴紋使用神社

青　森	糠部《ぬかべ》神社	向鶴
	三八城《みやき》神社	向鶴
岩　手	桜山神社	向鶴
埼　玉	高麗神社	巻鶴
神奈川	鶴岡八幡宮	鶴丸
	八幡神社	鶴丸
島　根	物部神社	日負鶴
岡　山	皷《つづみ》神社	舞鶴
福　岡	天照《てんしょう》神社	舞鶴
熊　本	阿蘇《あそ》神社	舞鶴
	河尻神宮	舞鶴
大　分	火男火売《ほのおほのめ》神社	向鶴

竜胆《りんどう》・笹竜胆紋——源氏ゆかりの紋

一輪の竜胆饗《う》けよ鶴の墓　　青畝

晩秋のさびしい高原に建てられた鶴の墓、そのまえに供えられたリンドウの花一輪——たぶん、鶴の墓は、その寒村に伝わる因縁ばなしでもあるにちがいない。リンドウは、こうして人の心に思いをのこすので、「思い草」ともいう。しかし、ふつうは竜胆の字を当て、リュウタンと呼んだ。根をかむと竜の胆のようにニガいからだという。リュウタンは、いつのまにか訛ってリンドウになったが、漢方薬にも用いて、ニガ菜、エヤミ草ともいう。ササリンドウというのは、笹の葉に似てるからである。

リンドウは、源氏物語や枕草子等にもみえ、平安時代からその可憐な美しい姿は模様にも採り入れられている。「餝抄《かざり》」にはリンドウだすきが村上源氏の久我家の印となっている。後世、村上源氏一門は、リンドウを家紋にしているところをみると、鎌倉初期には、家紋として定着していたに違いない。宇多源氏も用いた。さらに徳川期には、清和源氏の後裔も用いているので、しぜんリンドウは源氏のシンボルとなったわけである。

歌舞伎でも勧進帳に義経がササリンドウの衣装を用いたりする。源氏にゆかりのある文様だからであるが、義経は遮那王といったころに、ひそかに熊野に詣でたことがある。もちろん極秘であったが源氏再興の祈願であることは言をまたない。熊野の山中にはリンドウ（アサマリンドウ）が多い。義経は、庇護者鈴木重家の館に身をかくしながら、全山リンドウでうずまる熊野の神霊を、この植物にことよせたのではなかろうか。

神社で竜胆紋を用いるのに福島県の霊山神社、大阪府の阿部野神社、ともに祭神北畠顕家、親房等の家紋からきている。

秋田県横手市の八幡神社、岐阜県萩原町（現・下呂市）の久津八幡宮をはじめ、八幡社でも竜胆紋を用いるのは、八幡社が源氏の氏神だからである。

群馬県の木曾三社神社は、木曾義仲の信仰だから、その家紋を採り入れた。

福岡・水天宮
（竜胆車）

大阪・阿部野神社
（笹竜胆）

祭神の関係からでなく、パトロンの紋を用いるところもある。

山形市の鳥海・月山両所宮は、源義朝が創建、義経が再建であり、宮城県名取市の熊野神社は寄進者が頼朝である。

さらに東京日本橋の水天宮は、定紋は椿または碇であるが、替紋として竜胆車を使用。これは江戸は文政のころ九州久留米の有馬頼徳が、日ごろ信仰する水天宮を東京の自邸に勧請したもの。竜胆車は有馬家の家紋である。

■竜胆・笹竜胆紋使用神社

秋	田	八幡神社	笹りんどう
山	形	鳥海・月山両所宮	笹りんどう
宮	城	熊野神社	笹りんどう
福	島	霊山神社	りんどう
群	馬	木曽三社神社	笹竜胆
岐	阜	久津八幡宮	笹りんどう
大	阪	阿部野神社	笹竜胆
岡	山	足高《あしたか》神社	七葉笹りんどう
福	岡	美奈宜《みなぎ》神社	笹竜胆
		篠山《ささやま》神社	笹りんどう

竹(笹・竹に雀)紋——神の好木

竹の実は古来鳳凰の食するものと言われ、瑞木とされた。また丈《たけ》たかく伸び、松、梅とともに風姿が尊重され、詩歌にうたわれ、模様にも用いられた。『年中行事』『源氏物語絵巻』を見ると、竹の丸や九枚笹の模様が家紋に近い形なので、このころはすでに文様から家紋への移行が考えられる。

竹は、はじめ、高貴のシンボルとして公家に用いられた。万里小路家や清閑寺家がそれである。のち、雀を配して風趣を添えるようになったが、じっさいに雀が竹林に多くいたし、舌切雀の物語などにも見られるように、関係のふかいものだったからに違いない。しかし、もともと竹は神の依代なのだ。

山形・上杉神社
（竹に雀）

上杉神社、松岬《まつがさき》神社、春日山神社はともに上杉謙信を祀ったもので、その家紋から「竹に雀」を使用。熱田神宮が桐竹を使用するのは、天子の御衣の模様から採ったもの。九枚笹を用いる神社もある。愛知県の真《ま》清田《すみだ》神社、大縣《おおあがた》神社であるが、真清田神社の『神伝採桃集』には、神の好める植物とあり神鏡の裏の模様から採ったという。

愛知・真清田神社
（九枚笹）

愛知・大縣神社
（丸竹に九枚笹）

福井・篠座神社
（五枚笹）

新潟・春日山神社
（竹に雀）

秋田・八幡宮綴子
神社（五七の竹）

愛知・熱田神宮
（桐竹）

愛知・真清田神社
（九枚笹）

笹はもともと小竹または細竹で『古事記』にも「天香山之小竹《ささ》葉」とあり、古代人は風にさやぐ竹葉の音に神霊の作用を見た。

■竹（笹・竹に雀）紋使用神社

山　形	上杉神社	竹に雀
	松岬神社	竹に雀
新　潟	春日山神社	竹に雀
福　井	篠座《しのくら》神社	五枚笹
長　野	大宮熱田神社	桐笹
愛　知	熱田神宮	桐竹
	真清田神社	九枚笹
	大縣神社	九枚笹
福　岡	美奈宜《みなぎ》神社	九枚笹

扇（団扇《うちわ》・棕梠《しゅろ》）紋——神の憑代《よりしろ》

オウギもウチワも、ともに涼具であるが、のちにアクセサリーにも用い、ことにオウギは、あおぐ意から、ものをみる、打ち仰ぐ、神をまねく、かざすなど……にもこれを用いた。さらに、戦場で軍勢を指揮する軍配などもできたのである。これを遠くから望めば目印になり、意志通信の役目もはたした。ことに戦場でヒノマルの扇などは目だったにちがいない。それ故、むかしから愛用されたが、なかでも神紋に用いられたのは五本骨扇である。

　五本扇に月は佐竹の家紋から来ている（なお、後世、月は日の丸に転化している）。佐竹氏は、かつて軍功によりこの紋を頼朝より拝領したといわれるが、発祥地の茨城県より地盤である秋田県に多い。たとえば、八幡秋田神社は、応神天皇と佐竹一族を共斎しており、佐竹扇である。真山《しんざん》神社は、佐竹氏一族を祭ってはいないが（祭神・瓊々杵尊）、社領寄進、社殿改築なども佐竹氏によって行なわれ、同氏崇敬の社である。島根県の佐太《さだ》神社、大分県の奥平神社も同様に、それ

秋田・八幡秋田神社
（佐竹扇）

秋田・扇田神明社
（五本骨扇に月）

静岡・浅間神社（棕梠葉）

静岡・富士山本宮浅間神社（棕梠葉）

東京・金刀比羅宮（棕梠）

福島・田村大元神社（秋田扇）

ぞれ松平氏、奥平氏の家紋から来ている。

浅間神社は、多く棕梠紋を用いる。これは『羽継原合戦記』にもある通り、富士大宮司の紋でもある。霊意を棕梠であらわしたものだが、のち形が似ているので羽うちわ紋と誤用された。さらに、霊山に住む天狗と結びつけられて「天狗の羽うちわ紋」ともよばれた。

元来、棕梠はヤシ科の常緑高木で、九州が原産。柱形の幹のテッペンから傘のような扇形の葉が出て、むかしから異様な感をあたえたらしい。清少納言が、『枕草子』で、「カッコはわるいが、異国風で、毛並みのわるい植物とも思えない」とあるのがそれ、蕪村も、

梢より放つ後光やしゅろの花

と、言って、霊木嘉木のうちに入れてるが、じつは神霊の憑代で、前述の扇も棕梠の葉から転化した憑代の一部なのである。

山梨県富士吉田市の富士山小岳神社や茨城県八郷町（現・石岡市）加波山神社では、天狗の羽うちわとしてあり、霊扇としていることは同じである。ことに、加波山神社では平田篤胤の書を持ち出して、

大分・三所宮奥平神社（軍配団扇）

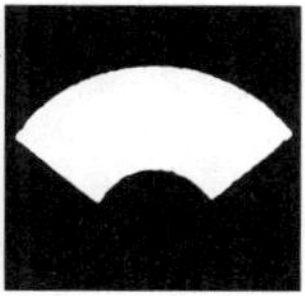
島根・佐太神社（扇の地紙）

「当山には四十八天狗がおり」それぞれ加波山を根じろとし霊場、霊窟をつくって参拝者の目を見はらせる。これは、なんとも異様な雰囲気であるが、

魔を除く天狗の霊や加波の峯

という句もあってあらたかな霊現を伝えている。

■扇（団扇・棕梠）紋使用神社

秋	田	八幡神社	五本骨の扇
		八幡秋田神社	五本扇に日の丸（佐竹家紋）
		真山神社	五本骨扇
静	岡	富士山本宮浅間神社《ふじさんほんぐう》	棕梠葉
		浅間神社	棕櫚葉
島	根	佐太（中殿）神社	扇の地紙
高	知	八幡宮	五本骨の扇
佐	賀	黒髪《くろかみ》神社	山形扇に日の丸
大	分	三所宮《さんじよ》奥平神社	軍配団扇

玉(宝珠)紋——如意のあらわれ

東京・豊川稲荷神社
(稲荷玉)

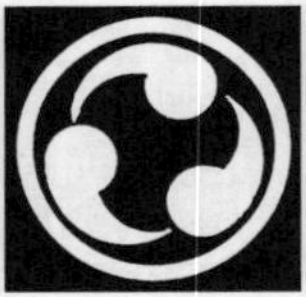
千葉・玉前神社
(鏡に勾玉)

千葉・玉前神社
(勾玉)

宝珠《ほうじゅ》は仏語のmani(摩尼)の訳語。宝とすべき玉の意。これから思いのままのものを取り出すことが出来る、というので如意珠、如意宝珠などともいう。ふつう、火焔を吹いているが、そうでないものもある。全国の稲荷社では、稲紋と共に宝珠を神紋としている。が、この宝珠は神使のキツネの先払いで、天から降る炎のようにしてやってくるという。ありがたい宝なのだ。

富山市の愛宕神社では「三つ宝珠」であるが、長禄元年駒見郷に鎮火守護神として火之迦具土神を祭った。ところが霊験あらたかすぎて、洪水がおこり、現在地に移座。いまも庶民の崇敬ひとかたでない。

福井県の若狭《わかさ》彦《ひこ》神社は彦火火出見尊(一名火遠理命、山幸彦)を祭る。この命、兄の火照命(海幸彦)と互いに幸をかえ、海に釣をして鉤《はり》をなくした。一千鉤をつくって、兄の海彦に詫びたが許されない。

兵庫・白川神社
（剣かたばみの心に玉）

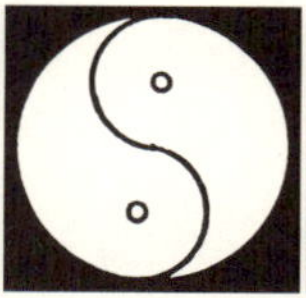
岐阜・手力雄神社
（組曲玉）

福井・若狭彦神社
（宝珠に波）

富山・愛宕神社
（三つ宝珠）

そこで塩土老翁に相談の結果、海をわたり、海神宮にゆき、鉤をかえしてもらった。帰参の土産に山彦は宝珠をもらった。この玉こそ、潮の干満自在の宝珠で兄は大いにくるしめられる。神紋が波に玉なのはこの故事による。

曲玉《まがたま》は勾玉とも書く。古代のアクセサリー。碧玉、瑪瑙《めのう》、水晶など種々の宝石類をトモエ形に曲げ磨いたものである。ふつうふくらみのあるほう（アタマ）に穴をあけ、緒を通して首や襟カザリとしたが、副葬品にもなっている。しかし『日本書紀』をみると、「勾玉の曲れるが如く曲妙《たえ》に御世をしろしめせ」とあって、勾玉は世を治めるシンボルである。この勾玉の輪を一名御統《みすまる》ともいうのはこの意味を端的にあらわしている。三種の神器の一つにあるヤサカニノマガタマ（八坂瓊曲玉）がそれだ。

千葉県の玉前《たまさき》神社の神紋は、神鏡の中に、この御統がついている。やはりこの国をシロシメス印であることにはかわりはない。島根県の玉作湯神社では二重亀甲の中に丸玉、管玉を二個の曲玉が抱いたカタチになっている。これらの丸玉や管玉も古代は緒に通して（御統にして）用いたことは同じであるが、ご祭神の櫛明玉神が玉

島根・玉作湯神社
（二重亀甲のうち
勾玉管玉丸玉）

作りの祖神であるから、神紋にこれを用いたのである。日本書紀や古語拾遺をみると、櫛明玉神は天孫降臨のさい、随従した五神の一で、玉作りの工人を率いて日向に下った。また、子孫は出雲玉造郷に留って製玉に従事したことになっている。ヤサカニノマガタマもこの神がスサノオノミコトを通して姉神の天照大神に献上したものである。

■玉（宝珠）紋使用神社

千　葉	玉前神社	勾玉
岩　手	呑香《とんこ》稲荷神社	宝珠
石　川	能登部神社	玉宝
福　井	若狭彦神社	水玉
岐　阜	荒城《あらき》神社	曲玉
奈　良	売太《めた》神社	丸の中に「マガタマ」二個
山　口	玉祖《たまのおや》神社	曲玉（組合せ）
愛　媛	稲荷神社	三つ火焰玉
長　崎	淵《ふち》神社	右廻曲玉三つ

稲紋――庶民信仰のあらわれ

正一位塀の上まで顔を出し

日本国中、お稲荷さまはどこにもある。長屋の袋小路のつきあたりから、塀をこして、お隣りの武家屋敷でもオイナリサンだ。東京銀座のド真中にも二〇社以上もある。

こんなに庶民に信仰の厚いオイナリサンとは一体どういう神さまか。祭神は宇迦之御魂《うかのみたまの》神《かみ》、佐田彦神《さだひこのかみ》（猿田彦神）・大宮能売神《おおみやのめのかみ》の三柱で、京都伏見の稲荷山がその中心である。続古今和歌集の神歌に、「われ頼む人の願いを照らすとて浮き世にのこる三つのともし火」とある。三つの灯火はこの三神をあらわし、稲荷山の三峰に灯火をかかげておくから、それを目印によく信仰せよ、ということであるが、この三神の中で宇迦之御魂神が主神らしい。宇迦はウケで食物、その中心である米の生成（稲《い》生《な》り）を司る神ということになっている。なぜ稲生りを稲荷と書くかといえば、古代人は荷うという神人《じんにん》の実修から神そのものを表現するようになったからである。農村のいたるところに赤い鳥居に紅白の旗を

埼玉・箭弓稲荷神社
（変り抱き稲）

京都・伏見稲荷大社
（右回り一つ稲丸）

京都・伏見稲荷大社
（束ね稲）

東京・豊川稲荷神社
（抱き稲）

東京・花園稲荷神社
（抱き稲）

なびかせて、鎮座ましますオイナリサンこそ豊作の願いそのものなのだ。ところが、のちには商売繁昌を願う商人《あきんど》にお株をとられ、つられて武士も用い出した。まったく万能の神とはこのこと。

さて、それについて、むかし、秦忌寸伊呂倶《はたのいみきいろぐ》という人がいた。餅を的《まと》に矢を射ると、当たるたびに餅は白鳥になって飛んでいく。不思議に思いあとをついてゆくと、白鳥は山の谷間に降り、稲となり穂をだして実を結んだ。伊呂倶は、その場所に社を建て稲の魂を祀ったのが現在の伏見稲荷の鎮座地、稲荷山だという。いま寛雄僧都画くところの神影を拝すると、狩衣に烏帽子の老人が杖をついて稲束を両掛けにして荷っている。前後に神使、二匹のキツネが従っているが、この絵は、後世の伝説をもとにしたものであろう。但し、秦忌寸伊呂倶のはなしは『山城風土記』にありふるいことはふるい。神社の創祀は和銅四年というが、稲荷信仰はじっさいには、それより古いにちがいない。神社の創祀はばくぜんとしているが、稲紋はこれらの社号や、創建の伝説をもとにしたものであることは明らかである。

稲荷神社の神号を用いてないところでも、稲紋を神紋としているところは祭神には宇迦之御魂神か、食物を司る保食《うけもち》神、または大宜都比

島根・野井神社
（抱き稲）

兵庫・神田神社
（束ね違い稲）

京都・伏見稲荷大社
（左回り一つ稲丸）

売命等が多い。しかし、兵庫県の神田《こうだ》神社は、稲の丸であるが、大江匡房が大嘗会に詠んだ歌「千早ぶる神田の里の稲あれば、月日とともに久しかるべし」からきている。こうした神社も多少ある。

稲荷神社は、稲田の開発とともに大いに広まり、神紋として使用されたが、それ以前すでに家紋として、熊野の神宮鈴木一族に使われている。鈴木（ススキ）もやはり熊野地方では稲穂という意味である。

■稲紋使用神社

宮　城	竹駒《たけこま》神社	抱稲束
埼　玉	箭弓《やきゅう》稲荷神社	稲丸
石　川	忌浪《いみなみ》神社	稲穂
福　井	気比神宮	束稲
	須波阿須疑《すわあずき》神社	稲束三束
静　岡	丸子神社	月に稲穂
滋　賀	筑摩《ちくま》神社	稲丸
京　都	伏見稲荷大社	束ね稲
兵　庫	神田神社	右巻稲穂
徳　島	一宮神社	稲束の丸

車紋——天照大神のシンボル

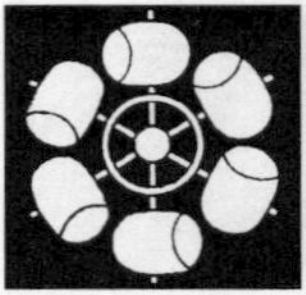

福井・柳廼神社
（六本杓）

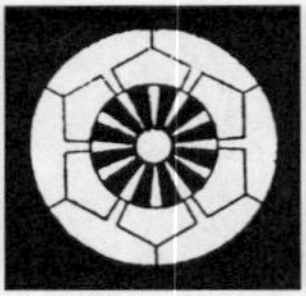

新潟・榊神社
（源氏車）

秋田・愛宕神社
（六本骨源氏車）

くるまは、日本にも古くからあったが、平安時代、貴族によって愛好された御所《ごしょ》車は牛にひかせた二輪車で牛車《ぎっしゃ》といった。源氏物語などの絵巻物などにもさかんに出てくるので、源氏車などの名もある。紋章に用いられたのは、この車の輪で、輻《や》の数によって八本骨源氏車（八葉車）とか九本骨源氏車などという。中で十二本骨車はとくに、伊勢外宮の神官榊原氏が用いたので、榊原車の名が著名。十二本の輻が放射されているさまは太陽の光線にもみえ、天照大神のシンボルでもある。榊原氏がこれを用いたのは、大神宮奉献の錦の模様から採ったものだが、神紋のない神宮で、この車の文様を大切にしているのは、ひそかにそうした意味があるからである。

新潟県の榊《さかき》神社は、祭神榊原康政の家紋を用い、福井県の柳廼《やなぎの》神社も土井利忠の家紋六本杓《しゃく》を用いている。これは、ヒシャク即ち水車のことで、珍しい紋であるが、越前大野藩政を改革した遺徳をしのぶた

愛媛・伊曾乃神社
（御所車）

めに明治十五年創建。現在、源氏車紋は、模様として愛好され、着物に、アクセサリー等に流行しているが、神紋としてもじつにふさわしく、仏教の輪宝に比すべきものである。

■車紋使用神社

山形	飛鳥《あすか》神社	源氏車
秋田	愛宕《あたご》神社	地車（六本源氏車）
新潟	榊神社	源氏車
福井	柳酒神社	六本杓
山口	佐波《さば》神社	車輪
愛媛	伊曾乃《いその》神社	御所車
	村山神社	御所車
福岡	天照《てんしょう》神社	御車

弓矢紋——武神にゆかりの紋

富山・箭代神社
（矢違い）

山梨・弓削神社
（剣抱き弓）

岐阜・八幡神社
（丸に矢違い）

弓箭紋は、㈠社名が弓矢に関係があるか、㈡祭神が武神であるか、あるいは、㈢祖神の姓氏や家紋から来たものかである。たとえば、箭《や》代《しろ》神社は社名から矢違紋を用いているが、同時に祭神の葛城襲津彦命が、新羅（神功皇后の時）と加羅国（応神天皇のとき）を打ち従えて帰国した武神だからである。兵庫県赤穂市の大避《おおさけ》神社は矢車紋を用いている。この神社は秦氏の祖神・大避神を祭るが、外来神で、八本矢車紋は、後世その子孫の家紋から来ているという。一説にはユダヤの神ダビデのシンボル・マークをアレンジしたものともいう（大避神はユダヤ神）。鳥取市の倉田八幡宮や、岐阜県金山町（現・下呂市）の八幡宮が違い矢紋を用いるのは、やはり武神のシンボルとして。

山梨県西八代郡市川大門町（現・市川三郷町）に弓削神社（旧郷社）という式内社があるが、神紋は「剣に抱き弓紋」。同地の弓削は往古弓削部が住し、弓矢をつくっていた。

大分・五所社
（丸に矢筈）

兵庫・大避神社
（八本矢車）

兵庫・大避神社
（鏃三つ交叉）

弓削神社はその氏神であるが、神紋は弓削の姓氏から来ている。その他、素盞嗚尊を祀る狭野神社、建御雷之男神を祀る五所神社等はみな武神である。

■弓矢紋使用神社

富山	箙代神社	矢違い
石川	狭野《さの》神社	八本矢車
岐阜	日枝神社	鏃三つ交叉
三重	立坂《たちさか》神社	矢羽
兵庫	大避神社	八本矢車
鳥取	倉田八幡宮	矢違い
岡山	形部《かたべ》佐波良神社	丸に二本矢
大分	五所《ごしょ》社	矢筈

杏葉紋——異国伝来の紋

岡山・高野神社
（丸に杏葉）

杏葉《ぎょうよう》は大陸伝来の模様で、茗荷に似た紋であるが、茗荷のように花が上部に咲いていない。大陸では馬のアクセサリーに用いていたが、何を象ったか不明。蕘葉、魚葉、魚陽、行用などとも記するがみな当て字。この異国風の模様は、鎌倉時代のはじめには相当ひろまったらしく、勧修寺《かんじゅじ》家で車紋に用い、閑院家、中御門家では家紋としている。

岡山県の高野神社で杏葉紋を用いるのは、社家立石氏の家紋からとったもの。大友氏から出た立石氏は、津山二宮が発祥で、古くは法然上人も出した名家。浄土宗の寺院で杏葉紋を寺紋に用いるのもその縁《ゆかり》による。

杏葉紋の分布——紋域は、高野神社を除いてはほとんど佐賀県に集中している。これは、まったく鍋島藩の影響による。もと武将で、杏葉紋を用いていた代表的豪族は、大友氏であるが、宗麟のとき竜造寺隆信に敗れ、杏葉紋を盗用された。その竜造寺氏も部下の鍋島氏に家を乗取られ、杏葉紋も踏襲された。この鍋島氏に関係の深い神社（祭神として藩祖を祭ったり、崇敬社として寄進をうけたりしていた）が杏葉紋を用いている。

佐賀・岡山神社
（小城杏葉）

佐賀・祐徳稲荷神社
（杏葉）

佐賀・佐嘉神社
（鍋島杏葉）

■杏葉紋使用神社

岡　山	高野神社	丸に杏葉
佐　賀	佐嘉《さが》神社	鍋島行用
	堤《つつみ》雄《お》神社	杏葉
	稲佐《いなさ》神社	杏葉
	与賀《よか》神社	杏葉
	松原神社	杏葉
	祐徳《ゆうとく》稲荷神社	杏葉

輪宝紋――仏法宣布のシンボル

静岡・神部神社
（輪宝）

輪宝はリンボウと濁って訓む。仏具。もと、古代インドで、転輪聖王が破邪の武器として使用。戦野をこの輪が進めば、悪魔の軍勢はたちまちにして敗滅したという。日本では、仏法具現のシンボルとして寺院でこの印《しるし》を用いた。ことに、聖護院派の修験道場ではこの紋を大切にしている。従ってふつう神社では用いないが、神仏習合の風潮がすすむにつれて流用された。

秋田市の古四《こし》王《おう》神社で輪宝紋を用いるのは、かつて聖護院修験道の管掌に属していたからである。エゾ反乱に北門の鎮護として、輪宝をそのシルシとしたのはもっとも適していたといえよう。古四王ということばは、古四王大権現で仏教の四天王のことらしい。静岡市の神部神社で輪宝を用いるのも同様に往時修験道の支配下にあったため。

輪宝は、真理の歯車ではあるが、一方破邪の剣でもあるので、なかには車に剣がついている。それ故、輪鉾、剣車《けんぐるま》、八剣輪宝（以上表参照）、剣先矢車（愛媛県西条市、風伯神社）などという呼称も生まれた。武神のシンボルに用いられているのはこのためである。

愛媛・風伯神社
（八つ輪宝）

福井・国神神社
（六つ輪宝）

静岡・神部神社
（輪宝）

■輪宝紋使用神社

秋	田	古四王神社	輪宝
福	井	国神《くにつかみ》神社	密輪鉾
静	岡	神部《かんべ》神社	輪宝
愛	知	六所《ろくしょ》神社	八劔輪宝
岡	山	大隅《おおすみ》神社	けんぐるま
宮	崎	霧島東神社	大法輪

目《め》結《ゆい》紋——上代の流行模様

山形・椙尾神社
山形・春日神社
（六つ目）

目結紋は、上代の纐纈《こうけつ》模様で正倉院の織物にもみられるが、のち「括《くく》って染めた模様」なので、ククリ染め、または鹿子斑《かのこまだら》の模様なので鹿子染などとも言う。模様が家紋に転じ、やがて神紋にもなった。紋章でメユイと呼ぶのは穴のような目が連続しているからである。ふつう三つ目から十六目結まであり、それ以上は「滋《しげ》目結」という。

この紋は、近江源氏の佐々木一族の代表紋で、本拠もまた近江である。近江源氏は宇多天皇の皇子敦実親王から出て、八代の孫成頼のとき近江蒲生郡佐々木郷に住んだので、佐々木氏を称したのである。

神紋は四つ目紋が多いが、みんな佐々木氏の族が祭神であるか、あるいはパトロンが佐々木族である。たとえば、山形県の椙尾《すぎのお》神社は、むかしは三つ巴が神紋であったが武藤家代々の崇敬社として、のちその家紋六つ目に変えている。島根県の津和野《つわの》神社で四つ目を用いるのは祭神が藩主亀井氏の祖神で家紋が四つ目だからである。乃木神社の祭神は乃木希典大将で、やはり出自は佐々木氏族である。

鳥取・城山神社
（隅立て四つ目）

滋賀・沙々貴神社
（平四つ目）

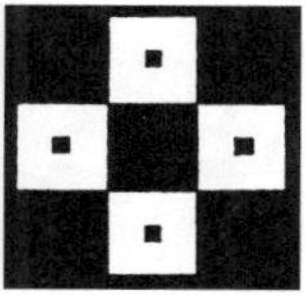

東京・乃木神社
（四つ目）

■目結紋使用神社

山　形	相尾神社	六つ目
栃　木	乃木神社	四つ目
東　京	乃木神社	四つ目
滋　賀	沙《さ》沙《さ》貴《き》神社	坐り四つ目
島　根	津和野神社	隅立四つ目
山　口	乃木神社	四つ目

烏《からす》紋——熊野の神符

和歌山・熊野三大社（烏）

和歌山・熊野三大社（烏）

和歌山・熊野三大社（鏡に烏）

神武天皇ご東征のとき、烏が道を先導した記・紀の話は有名である。古来、カラスは人語を解し、人の感情を読みとって、神に伝えたので、神使として尊ばれてきた。一九七二年中国の長沙郊外で発掘された軑《だい》侯婦人と推定の棺の彩色帛画にも太陽の中にカラスがいる。二千百年まえ中国でもカラスは神のみ使であった。

熊野三社が神紋としてカラスを用いているのは、まさに適切であったが、ふつう熊野神社では宝を抱いた群鴉の護符で知られている。紋章はそれを集約して、一羽のパターンが多い。福岡県の鳥野《とりの》神社では稲輪の中に二羽のカラスが見られる。これは『紀』に見える月読神と天照大神の御使で、稲輪は稲神である保食神《うけもちのかみ》をあらわす。

神紋ではこのカラスを八《や》咫烏《たがらす》という。八咫とは八つの開手《あた》の約で、手を開いたときの食指、中指の長さを一咫《し》とする（咫は少の義の借字）。しかし、いまは、神烏そのものを形容して云う。後世、三本足

（三足烏）

宮城・熊野神社
（対い烏）

のカラスも出てきたが、これを金烏《う》または陽烏という。太陽に住む烏の意であるが、やはり八咫烏と言う霊意を強めるための伝説から出たもので『文選』にも夜太加良須とある。

■烏紋使用神社

埼　玉	楡山《にらやま》神社	八咫烏
和歌山	熊野本宮大社	烏
	熊野速玉《はやたま》大社	烏
	熊野那智大社	烏
福　岡	鳥野神社	稲輪に双烏
	神武天皇社	八咫烏

熊野那智大社烏牛王神璽

かたばみ紋——子孫繁栄のシンボル

庭の隅や田舎の道ばたにまで生えているカタバミは、片喰、酢漿草、鳩酸草などの字を当てるが、一名スグサ、スイモノグサなどとも言い、なじみの深い植物。紋形が優美なので家紋としては、大いに流行した。

かたばみ紋は、有名な戦国武家では、長曾我部氏、宇喜多氏が用いているが、神紋としては山形県の荘内神社、福井県の小浜《おはま》神社が用いている。これは、藩主酒井忠勝等を祀ったことから、酒井氏の家紋をそのまま流用したもの。剣がカタバミの花弁の間から三本出ているので、剣カタバミと言う。姫路市の白川神社は、やはり酒井氏が上州より姫路へ移封されたとき移祭されたものであるが、剣カタバミの中心に三円の玉をおく。この玉は、酒井氏が稲荷信仰からその宝珠をすえたものである。

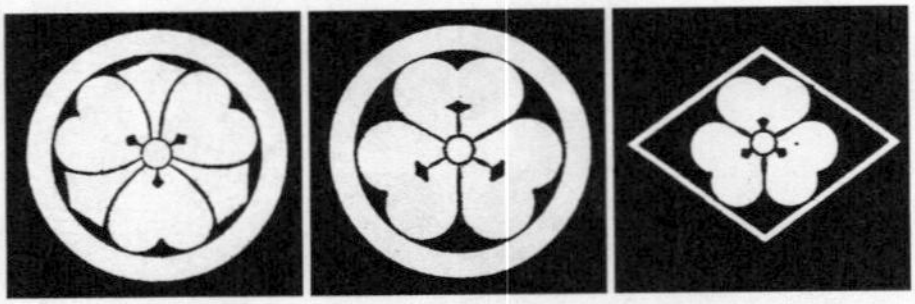

群馬・伊勢崎神社（丸に剣かたばみ）　山形・荘内神社（丸にかたばみ）　青森・弘前神明宮（菱かたばみ）

福井・小浜神社
（剣かたばみ）

かたばみの花持ちながら弾《はじ》けけり　禾門

にある通り、カタバミの特徴は、せっせと花を咲かせ、実を結び、どこででも繁殖してゆくところにある。

弘前神明宮が、妊産婦の守り神であることをみてもわかる通り、カタバミは子孫繁栄のシンボルなのである。

■かたばみ紋使用神社

青　森	弘前神明宮	菱かたばみ
山　形	荘内神社	丸にかたばみ
群　馬	伊勢崎神社	丸に剣かたばみ
福　井	小浜神社	剣かたばみ
兵　庫	櫛石窓《くしいわまど》神社	劔酢漿
福　岡	戸上《とのえ》神社	剣かたばみ

茗荷紋——摩多羅信仰のシンボル

鍋島の表門から物忘れ

鍋島家の屋敷の表門を紋所の表紋（茗荷）に掛けた川柳子のシャレ。茗荷は物忘れの妙薬なのでこう言った。ところがじつは、鍋島家の紋は杏葉《ぎょうよう》で、茗荷ではない。江戸時代から長く混同していたことがわかる。

茗荷紋は、もともと摩多羅神のシンボルである。この神は、最澄や円仁が唐から帰朝したときに、海上の守護神として身を守ってくれた神。以来、延暦寺では、常行三昧堂の道場神として祀る。姿は和様の狩衣をきた神が笹の葉と、茗荷をもって舞っている姿であり、太秦《うずまさ》の広隆寺でも牛祭に祭っている。天台宗の管掌にある神社では、神仏習合時代のなごりとして、いまでもこれを神紋として用いているところがある。

岩手・八坂神社（丸に抱き茗荷）

栃木・東照宮（抱き茗荷）

滋賀・田村神社（田村茗荷）

兵庫・御形神社
（抱き茗荷）

日光の二荒山神社は、神紋は巴だが、かつて輪王寺の管掌下にあって茗荷も用いた。東照宮でも神輿《みこし》や神服に茗荷紋が付いているが、同じ信仰と歴史が考えられる。滋賀県の田村神社の紋は、田村茗荷紋と呼ばれるが、実際は祭神・坂上田村麿の子孫の家紋車前草《おおばこ》で、茗荷に似ているから誤称した。

■茗荷紋使用神社

栃　木	東照宮	茗荷
滋　賀	田村神社	田村茗荷
兵　庫	御形《みかた》神社	抱き茗荷
福　岡	志登《しと》神社	抱き茗荷
佐　賀	天山《てんざん》社	抱き茗荷

鏡紋――天照大神のシンボル

自分の姿を見ることとの出来ない古代人は、静かな湖面や、石面、金属面に接し、その姿を発見したとき、どんなに驚いたことであろう。鏡が神霊の依代《よりしろ》であると感じたのは、これから来ている。三種神器の一つにある八咫《やた》の鏡もこれで、神――天照大神のシンボルなのである。『古語拾遺』にも、八咫鏡に「日の像《みかた》の鏡を鋳《つく》り」とある。後世、鏡の裏に種々の模様をつけ、鼻紐《つまみ》をつけて用いたが、これらの模様はたんなる模様ではない。神意を宣るためのものである。

そこで、鏡はまた身を映し、反省し、正しい神の道を実現するための手本――鑑ともなる。鏡を神紋とすることは、神紋としてたいへんふさわしく、また、神鏡使用の神社が多く天照大神を祭っているのはそのため。

富山県の射水《いみず》神社は二上神を祭っているが、これは天牟良雲命《あめのむらくものみこと》のことで、皇祖の神威によって清水を得た。鏡はその威光をあらわす。

千葉・意富比神社
富山・射水神社
（八咫の鏡）

北海道・岩見沢神社
（八咫形神鏡に
岩の字）

鹿児島・豊玉姫神社
（鏡に曲玉）

奈良県の鏡作坐天照御魂《かがみつくりにますあまてるみたま》神社は、この地一帯が八咫鏡を造った鏡作部の住地で、石凝姥命とその父天糠戸神は氏神である。鹿児島県の豊玉姫《とよたまひめ》神社は、豊玉姫の遺阯で姫のシンボル鏡に曲玉を配した。

■鏡紋使用神社

北海道	岩見沢神社	八咫形神鏡に岩字を配す
千　葉	意富比《おおひ》神社	八咫の鏡
富　山	射水神社	八つ花型鏡
奈　良	鏡作坐天照御魂神社	鏡型
鹿児島	豊玉姫神社	鏡に曲玉

州《す》浜《はま》紋──蓬萊国の表象

州浜は海岸や河口に出来た州崎や島形の地形。これらの形をした台や和菓子まであって、なじみ深いパターンであるが、昔は蓬萊山の仙境を意味したり、竜宮 城《りゅうぐうじょう》を指したりして、瑞形として用いられた。たとえば『西宮記』には、臨時賀部に「天人浦子の形を作る」とあるが、これは州浜のことであろう。

国 常立 尊《くにのとこたちのみこと》を祭る北海道の玉置神社では、天地《あめつち》の別れる時、はじめて生まれた国土（国常立尊）に北海道を見たてて、それをスハマであらわした。

石川県の菅生石部《すがういそべ》神社では同名の祭神であるが、社伝では彦火火出見命ほか二柱を祭る。この神は火遠理命《ほおりのみこと》で、いわゆる『海彦山彦』の物語で有名な山彦である。兄海彦の釣針をなくし困っていると、竜宮の海神に救われた。スハマはこの竜宮をシンボライズしている。同県の大野湊《おおのみなと》神社は、石川郡大野村大字寺中（現・金沢市）に鎮座するが、もとは、宮腰浜の真砂山にあった。ここが州浜であったが、巨濤に洗われ遂に現在地に遷座した。神紋はこの地形から来ている。滋賀県の苗村《なむら》神社では国狭槌 尊《くにのさづちのみこと》等を祭るが、生成の国土をスハマで表わし、福岡県の風浪宮《ふうろう》は、祭神・少童命《わだつみのみこと》のすむ海の母国をスハマであらわす。

石川・大野湊神社
（波に素浜）

石川・菅生石部神社
（須浜）

■州浜紋使用神社

北海道	玉置神社	須浜
石　川	菅生石部神社	州浜
	大野湊神社	波に素浜
滋　賀	苗村神社	州浜
福　岡	風浪宮	州浜

剣・鉾紋——破邪のしるし

島根・市木神社
（一に三つ剣）

富山・櫛田神社
（剣に櫛抱き）

福島・苕野神社
（剣に波）

剣《つるぎ》は吊佩《つりはき》の意。むかしは、諸刃《もろは》の太刀を足の脛《はぎ》まで垂らして佩《は》いたのでこの名が起こり、鉾《ほこ》は棒の先を鋒《ほ》にして、杖についたり、武器として使ったりしたのでこう呼ばれた。剣は、法隆寺蔵の聖徳太子像（紙幣印刷）に吊佩の剣が見られ、鉾は『神代記』に「天之瓊矛《あめのぬぼこ》」と出ている。

福島県の苕野《くさの》神社の神紋は、剣に波である。日本武尊が東征のとき勧請奉斎した神社であるが、剣は出発に際し授けられた草薙の神剣を表わし、波は走水《はしりみず》戸通過のさい妃弟橘媛の犠牲によって水神の怒りをしずめた故事を記念する。

富山県の櫛田《くしだ》神社、佐賀県の櫛田宮は、ともに建速須佐之男命と妻神櫛稲田姫命を祭る。剣は八岐大蛇《やまたのおろち》退治で得た雨叢雲剣《あめのむらくものつるぎ》を表わし、さらに櫛田神社の櫛は、櫛稲田姫をあらわす。徳島県鴨島町（現・吉野川市）の剣山本宮でも交叉剣を用いているが、当社は平家の残党が一族一門再興のシルシに安徳帝の遺刀を神紋としたという。

佐賀・櫛田宮
（交叉剣）

徳島・剣山本宮
（剣交叉）

島根・市木神社
（一に三つ剣）

■剣・鉾紋使用神社

福	島	苕野神社	剣に波
富	山	櫛田神社	剣に櫛抱き
島	根	市木《いちき》神社	一に三剣
福	岡	馬見《うまみ》神社	鉾
佐	賀	櫛田《くしだ》宮	交叉剣

牡《ぼ》丹《たん》紋——富貴のシンボル

青森・高照神社
（杏葉牡丹）

青森・善知鳥神社
（津軽牡丹）

青森・岩木山神社
（津軽牡丹）

牡丹は中国で富貴花の異名があり、花中の女王といった感じであるが、紋章でも名家・近衛家の家紋である。従って、牡丹は他家では使用出来ないが、近衛家と特殊の関係のある数家で、とくに許されている。津軽家もその一つで、始祖政信の時、近衛尚道の猶子となった関係でこれを用いる。

神紋としては、青森県の岩木《いわき》山《やま》神社である。この宮は津軽一の宮で津軽氏の崇敬がとくに厚かった。ことに信政は黄金拾八万両を投じて社殿を改修したため、陸奥の日光と唱えられるほど荘厳華麗を極めた。神紋は、この津軽家の家紋をとった。

ほか、青森県には善知鳥《うとう》神社をはじめ、津軽牡丹を神紋にしている神社が七社（旧社格の村社、無格社以下は含まず）もある。これらの神社が神紋に牡丹を用いるのは、やはり岩木山神社と同様、津軽氏から、とくに寄進や保護をうけたりしたためであるが、黒石神社や高照《たかてる》

滋賀・日吉大社西本宮（牡丹）

神社のように津軽藩主（前者は津軽信英、後者は津軽信政）を祭神としているところもある。

　こうみると、紋のひろがり即ち紋域が津軽氏の影響で県一円に及んでいることがわかる。滋賀県の日吉《ひえ》神社が神紋に用いるのは、やはり近衛家との関係による。

■牡丹紋使用神社

青　森	岩木山神社	津軽牡丹
	善知鳥神社	津軽牡丹
	黒石神社	牡丹の丸
	高照神社	魚葉ボタン
滋　賀	日吉大社西本宮	ぼたん

蔦紋——一族繁栄のしるし

兵庫・志方八幡宮（丸蔦）　福井・大虫神社（蔦）　埼玉・金鑚神社（三蔦）

蔦はツタワル意といわれ、地面をはってはびこる上、紅葉も美しいので地錦《じにしき》なども言う。子孫が繁栄するめでたい意味もこれから生じ、武家商家などでも大いに用いたが、徳川八代将軍吉宗や松平氏の一部は、徳川宗家に遠慮して葵のかわりに蔦を用いている。

埼玉県の旧官幣中社金鑚《かなさな》神社及び旧県社金鑚神社はともに三つ蔦を神紋に用いているが、やはり松平氏の蔦紋から来ており、その崇敬が厚かった。ことに旧県社では、現在も老中松平定信奉献の社号額が残っている。元来、金鑚とは火鑚金《ひきりがね》のことで、社伝では、日本武尊がご東征のとき草薙剣に副えて佩《は》かせた火鑚金のこと。日本武尊は、これによって野に火を放ち、草薙剣で草をなぎ賊を払った。旧県社は日本武尊の滞留の地で、旧官幣中社は火鑚金奉斎の地である。

福井県の大虫神社では、もと剣かたばみであった。天正四年柴田勝家に社殿を焼かれたので、豊臣秀吉が勝家を破るまで、蔦で擬装し仮

鹿児島・住吉神社
（蔦菱）

屋で隠蔽奉仕した。神紋を剣かたばみから蔦紋にかえたのはこの故事による。三重県の高山《こうざん》神社では、祭神藤堂高虎の家紋を使用している。

■蔦紋使用神社

埼　玉	金鑽神社	三蔦
	金鑽神社	三蔦
福　井	大虫神社	つた
三　重	高山神社	蔦
鹿児島	住吉神社	菱蔦

御輪《みわ》紋——神《みわ》のシンボル

山口・玉祖神社（輪）

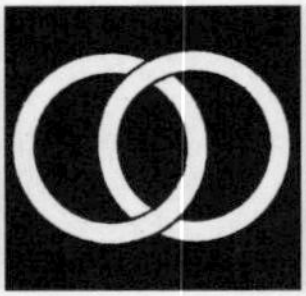
岡山・吉備津神社（輪違い）

奈良・大神神社（丸に三輪）

大神《おおみわ》神社では、神《みわ》の語を具象化して三輪であらわしている。元来、ミワは御槨《みわ》で神槨、霊廟の意から神に転用された。貴人の陵墓であるが、特に大物主の霊廟に用いられ、その地を三輪山といった。のち、その神を大三輪の神といい神の字を当てた。

輪は和に通じ、平和、円満、融合等をあらわす。日本を意味する「倭」をわれわれの祖先は和または大和に変えたことでもそれはわかる。大神神社を勧請した高知県の椙本《すぎもと》神社、山口県小野田市（現・山陽小野田市）の赤崎神社も、同様に三輪を用いているが、前者は太輪《ふとわ》三個、後者は三輪違いになって、宗社の神紋をすこし変えている。

二個の輪違紋を用いる社もある。岡山県の吉備津神社の紋は、神仏習合の影響による真宗密教の教義から来ている。すなわち、二個の違い輪は胎蔵金剛両界をあらわし、形に於ては両立しつつ相互関連する。ちょうど両輪が互に交わって離れないようなもの——と解かれて

高知・梠本神社
（三輪）

山口・赤崎神社
（三輪）

いる。

山口県防府市の玉祖《たまのおや》神社では、八坂の曲玉をつくった玉祖命を祭る。一つ丸輪紋であるが（別紋、曲玉の組合わせ）、これは、玉づくりの祖神をあらわす。

■御輪紋使用神社

奈	良	大神神社	丸に三輪
兵	庫	中臣印達《なかとみいんたつ》神社	輪違い
島	根	佐太《さだ》（北殿）神社	輪違い
岡	山	吉備津神社	輪違い
山	口	玉祖神社	輪
高	知	梠本神社	三輪

松紋——神木の王

京都・北野天満宮
（三階松）

京都・今宮神社
（嵐に松毬付三蓋松）

京都・今宮神社
（嵐に松毬付三蓋松）

古来、神霊の依代として尊ばれる木はいくらもあるが、中でも松は多く用いられる。正月の年神を迎える門松や神意を告げる「神さま松」などがこれである。いまでも亀岡市の三本松は中の一本が神降《こうぶ》り松として、町の異変には、神が降臨して、枝葉がゆれ騒ぎその旨を告げるという。一夜千本松で有名な北野天神の縁起も、また松に神霊が宿ったからである。

「東風《こち》にさそわれて散りゆく梅の花」とは、菅公の亡んだことを意味しているが、梅より長寿の松の木に菅公の霊がのり移ったとも言える。それ故、北野天神では神紋に梅を用いないで三階松を用いている。

同じ京都市の今宮神社では「嵐に松毬《かさ》付三蓋《がい》松」で松ボックリが三個ついている。即ち枝葉根《しようこん》から実まで整い、嵐の吹きさそう形で珍しい。宮司の佐々木さんは「一条天皇の正暦五年、京都の疫病神を追い

福岡・宮地嶽神社
（丸に三階松）

兵庫・岡太神社
（丸に小松）

払うために老松に嵐をまきおこしてもらった」という。

今宮祭のはじまりである。

兵庫県の岡太《おかだ》神社は、宇多帝の寛平五年、岡司氏が武庫郡小松村を開墾し、岡司宮（いまの岡太神社）を建立した。神紋は村名を取ったもの。

■松紋使用神社

新　潟	西奈弥羽黒《せなみのはぐろ》神社	三階松
京　都	北野天満宮	三階松
	今宮神社	嵐に松毬付 三蓋松
兵　庫	岡太神社	丸に小松
福　岡	宮地嶽《みやちたけ》神社	丸に三階松

沢瀉《おもだか》紋——田の神のしるし

オモダカは沢瀉、野茨菰の字を当てるクワイの一種。水田に自生するが、クワイと思って掘ると茎塊がない、「思い違《たが》い」したのでオモダカという。クワイのように食べられないが、白い可憐な花が咲くので花グワイともいう。平家物語に熊谷直実の息子がオモダカ模様のひたたれをつけて戦場に出たという記事があり、鎌倉のはじめはすでに流行していた模様であった。

大分県日出《ひじ》町の横津神社では沢瀉を神紋としているが、祭神木下俊長の家紋から来ている。木下氏は北政所の兄家定から出ており、太閤の甥秀次や同族の福島正則もこの紋を用いているので、これら一族の代表紋であることがわかる。

大阪府の御霊《ごりょう》神社は、もと兵庫県津村郷に鎮座していたが、蘆荻の茂った低湿地で円江《つぶらえ》といった。神紋はこの地に生えていた沢瀉を記念した。

兵庫県の佐々伎《ささき》神社、小田井県《おだいあがた》神社は共に沢瀉だが、『古事記』を

大阪・御霊神社
（立沢瀉）

兵庫・佐々伎神社
（くわい）

福岡・八所神社
（抱き沢瀉）

見ると、少彦名命が大国主命と兄弟の誓をたて国土経営に当った。それを導いたのが案山子久延毘古《くえびこ》である。山田に生えている沢瀉は、田の神・久延毘古のシルシであり、いまに薬草として尊ばれているのはそのためで、両社の祭神と神紋は、そこから来ている。

■沢瀉紋使用神社

大阪	御霊神社	立沢瀉
兵庫	佐々伎神社	くわい
	小田井県神社	沢瀉
福岡	八所神社	抱き沢瀉

祇園守紋――謎の神紋

祇園守は八坂神社のシンボル。全国の祇園社系の神社では、みなお札にこのシルシをつけている。ところが、このシルシたるや、まったくナゾにつつまれていて、さっぱりわからない。原形は交叉した二個の棒か又は巻物で、そのまわりを銀杏の葉かラッパのようなもので飾っている。

東京・素盞雄神社
（祇園守）

福岡・八坂神社
（祇園守）

祇園社の祭神は須佐之男命で、新羅の牛頭《ごず》方に居たことから、牛頭《ごず》天王ともいう。この荒神はよく厄病を追払う。そこで、祭神として御霊会に迎え祇園祭りとした。

古来、呪符には意味不明のものが多いが、これは神仏習合による外来神の要素が混入し、ますます異形の神紋になったものと思う。×は呪符の原形で後世巻物に発展し、まわりのカザリは神を呼ぶヒレに違いない。

さて、後世、この×はキリスト教の十字架に擬せられた。しかし、十字架以前からこのシルシはあった。のち池田氏、立花氏等はキリス

福岡・三柱神社
（立花守）

ト教に改宗したため、十字にことよせたことは事実である。

また、祇園守紋は福岡県に多い。

これらは、みな立花氏の祖神を祭るか又はその崇敬社で、福岡県はその地盤なのである。

■祇園守紋使用神社

福　岡	三笠《みかさ》神社	祇園守
	八坂神社	祇園守
	八坂神社	祇園守
	三柱《みはしら》神社	祇園守

杉紋——神の依代

神南備《かむなび》の神依板《かみよりいた》にする杉の念いも過ぎず恋のしげきに　万葉集

神の森の、神の宿る板にする杉のように（序詞）、わたしは、しきりにあなたを恋している……。

神を請来するために、昔は板をたたいてお祈りを捧げた。しかし、その板を杉でつくるのは、杉の木が依代《よりしろ》として適していたからであろう。

奈良県の大神《おおみわ》神社では山がご神体であるが、それを三本の杉で表わしているのは、やはり神霊の宿る木だからである。亭々として天にそびえる杉の大木は、いかにも神々しい。杉が神紋になったのはそういうところから来ている。

福井県の白山神社でも三本杉だが、宮司平泉澄氏に問いあわせると、「紋については、記録にありません」とのお答えであった。しか

福井・白山神社
（丸に三本杉）

滋賀・建部神社
（三本杉）

奈良・大神神社
（三本杉）

し、白山と白山神社とは一体の関係にあり、三本杉は、ご神体すなわち白山のシンボルであることは、大神神社と同様である。

滋賀県の建部《たけべ》神社では天平勝宝七年三月、孝謙帝が建部公伊賀麻呂に勅して、大己貴命を当社の権殿に祀った。そのとき植えた三本の杉が一夜に成長したので、その瑞象を記念して三本杉紋を定めた。

■杉紋使用神社

福　井	白山神社	三本杉
滋　賀	建部神社	三本杉
京　都	離宮《りきゅう》八幡宮	三本杉
奈　良	大神神社	三本杉
福　岡	高倉神社	綾杉

桔梗《ききょう》紋——すがすがしい悲紋

京都・御霊神社
（桔梗）

福井・杣山神社
（桔梗）

山梨・山県神社
（桔梗）

秋風が吹きそめるとキキョウが咲き出す。万葉時代は、秋の七草のアサガオもじつはキキョウのことだという。いたるところの山野に自生するこの植物は、形がよく整い、くっきりとした輪郭の花を咲かせる。「きりきりしゃんとして咲く桔梗かな」と一茶が詠んだのも、その点をいったものであろう。

ところが、キリキリシャンとして咲くキキョウの悲劇がそこから生まれる。

山梨県の山県神社に祀られる山県大弐は、勤王精神を鼓吹し、王政復古を唱えたために幕府に忌まれ、四十三歳で刑死した。

福井県の杣山《そまやま》神社の瓜生保一族は南北両朝の間を往来し、時流と共に没落した純烈な武将の家系。

明智光秀に至っては主信長を討って汚名を遺したが、それでも京都府福知山市の御霊《ごりょう》神社は、全国唯一の光秀を祀る神社として知られ

熊本・加藤神社
（桔梗）

兵庫・本住吉神社
（石持ち桔梗）

る。

肥後の熊本には清正《せいしょう》さまこと加藤神社がある。もちろん祭神は加藤清正、土民に敬仰されること一方ではないが、秀吉に仕えて忠犬ハチ公的な純粋な武将。これらの人々はみな人から神に祀られ——ということは桔梗の家紋が神紋になることだが、キリキリシャンと咲いて、なんとなくすがすがしい。

■桔梗紋使用神社

山	梨	山県神社	桔梗
福	井	柗山神社	桔梗
兵	庫	本住吉《もとすみよし》神社	石持桔梗
熊	本	加藤神社	桔梗

鎌紋——諏訪社の神紋

長野・戸隠神社
（鎌万字）

長野・諏訪大社
（鎌）

長野・諏訪神社
（丸に鎌）

鎌は農事には不可欠の用具であり、戦時には武器とも化する。農神、武神両様のシンボルである。用いる神社は諏訪系各神社。その総本社・信濃の諏訪大社では、ふつう梶紋を用いて鎌紋は滅多に使わない。ご神体と仰いでいるからである。しかし、全国の諏訪社では、梶紋と同様に鎌紋も用いている。

手力男命を祭神とする長野県の戸隠神社では、鎌万字といって鎌を卍形に象る。これは、天照大神の光が手力男命の強力で再び四方に輝きわたったことを意味する。即ち、天岩戸の物語である。卍を鎌で表わしたのは同国の諏訪大社との関係による。

滋賀県の奥《お》石《いそ》神社は古名を鎌宮と称し鎌をもって、神社を表わす。香川県の粟井神社（一名刈田大明神）は、阿波の忌部氏の祖神を祀り、鎌で農事をあらわす。

なお、鎌は、武神、農神のほかに、風神としても認められている。

滋賀・奥石神社
香川・粟井神社
（鎌の組み違い）

これは、神功皇后の新羅征伐に、海路を守護した故事による。いまでも大風の日に竿に鎌をつけて天空に立てる風習があるが、鎌で風を凪ぐ意味である。

■鎌紋使用神社

長野	諏訪大社	鎌
	戸隠神社	鎌まんじ
滋賀	奥石神社	組鎌
香川	粟井神社	鎌のくみちがい

波紋——生命の躍動

福島・苕野神社
（波に剣）

神奈川・江島神社
（波に三つ鱗）

山梨・住吉神社
（向い波）

水なるかな　水なるかな　姿なきに至る
神なるかな　神なるかな　声なきに至る

斎藤道三

戦国の梟雄《きょうゆう》斎藤道三は、かつて松波庄五郎といった。波を待って、とき至れば立って天下を取る——彼の「立波紋」は、そこからきているが、古代人は、波に水神の霊が宿っていると信じていた。波紋は、この神霊を形象化した。

神奈川県の江島《えのしま》神社は「波に三つ鱗紋」。社伝によれば、北条時政参籠満願の日、竜神が美姫となって現われ、三枚のウロコを遺して海中に没したという。

住吉神社も波紋を用いているところが多い。これは神功皇后が三韓平定の際に、筒男三神が海路平定をお守りした故事による。

福島県の苕野《くさの》神社は一名安波《あんば》さまという。日本武尊が東夷征討の

兵庫・住吉神社
（波に帆）

折、闇於迦美神以下三神を奉斎したものだが、波を静め夷賊を平定するために波に剣を神紋とした。

愛媛県の和霊《われい》神社の立波紋は、祭神・山家公頼の家紋から来ている。公頼は宇和島藩祖伊達秀宗の家老として善政を讃えられたが、ざんに会い非業の死をとげた。伊予の菅公といわれるのはそのためだが、和霊とは、公頼の霊を和げる意である。

■波紋使用神社

神奈川	江島神社	波に三鱗
愛　知	知立《ちりゅう》神社	青海波
愛　媛	和霊神社	立波（波五つ）

鳩紋――八幡宮の神使

滋賀・長浜八幡宮
（巴に向い鳩）

福井・小浜八幡神社
（菊鳩）

山形・六椹八幡神社
（向い鳩）

鳩は八幡宮の神使であるが、八幡宮が武神であるから、鳩も日本においては平和の御使いというわけではない。

八幡大菩薩と大書した旗にはよく鳩が描いてあり、寄生木《やどりぎ》（寓生《ほや》）が付してある。寓生も神霊のあらわれであり、鳩とともに戦陣におりる護符のシルシに用いた。

本来、八幡宮の神紋は巴だが、巴は他社でも用いているし、とくに八幡宮の専用ということでもない。そこで、八幡宮の意味をもっとはっきり表わすために、鳩や寓生がつけられるのである。

滋賀県長浜市の長浜八幡宮はそのよい例で、一ぱんに巴を用いるが、向い鳩も使用し、巴をはさんだ向い鳩の下に弓矢をつけ、さらに戦陣第一番の意味を持つ「第一番」の文字をつけている。

滋賀県の柏木《かしわぎ》神社は、八幡の文字を使っていないが、番《つがい》鳩紋を神紋としている。これはかつて若宮八幡宮と称したもので、明治四年に

滋賀・柏木神社
（番い鳩）

改名したものである。

後世、熊野神社の神使カラスが人気を失ない、鳩は愛らしさのため平和な鳥として益々歓迎されるに至ったのも、時代の移り変りであろう。

■鳩紋使用神社

山　形	六椹《むつくぬぎ》八幡神社	向い鳩
福　井	八幡神社	菊鳩
滋　賀	柏木神社	番鳩

紅葉《もみじ》(楓《かえで》)紋——神さびの紋

静岡県・秋葉山本宮秋葉神社は山自体がご神体である。かつては神仏習合によって秋葉山権現とも称し、秋葉寺の別当寺もあった。全山紅葉の美しさは目がさめるばかりで、紅葉の美しさによって秋葉山という。神紋の七葉紅葉はそれからくる。

奈良県三郷町の竜田《たつた》大社、同じく斑鳩《いかるが》町の竜田神社は本宮と摂社との関係にあり、ともに紅葉を神紋とするが、これは竜田が古来紅葉の名所であることによる。

それにつき、神社では次の説を伝えている。

「あるとき、五穀凶作数年に及び、崇神帝は深く宸襟を悩ませ給うた。帝は竜田川にみそぎはらい、一心に祈願をすると、ある夜、竜田の神が夢枕にあらわれた。帝は竜田川を流れる八葉の楓を捧げると、神は〈朝日の日向う処、夕日の隠るる処、竜田立野にわが宮を定めれば、汝の願をききとどけん〉と告げた。これにより神社が建てられ、神紋がつくられたのである」と。

山姫のちえだの錦織りはえて立田のもりは神さびにける

奈良・竜田神社
（紅葉）

静岡・秋葉神社
（七葉紅葉）

■紅葉（楓）紋使用神社

静	岡	秋葉山本宮秋葉神社	七葉紅葉
奈	良	竜田大社	竜田紅葉
		竜田神社	紅葉

釘抜紋――鍛冶の神のシンボル

釘抜は、いまはL《エル》字形のバールか、ペンチ形の釘抜であるが、昔は、四角い座金《ざがね》の穴に釘の頭を入れ、テコで抜き出す方法であった。

従って座金とテコの二個組合わせの紋が本元の形である。後世テコは省略されて、座金だけになったため、目結紋の穴の小さいものと転じた。

しかし、目結は模様から来たもので、佐々木氏一族の代表紋だが、釘抜は、もともと発生的には別で、阿波の江侍（郷侍）使用の紋である。

釘抜を神紋として用いる神社は、滋賀県の御上《みかみ》神社である。祭神は、天御影命またの名天目一個神《あめのひとつのかみ》で、おん目が一つであることからくる。太玉命に従って、天孫降臨のとき金工としてやって来られた。神紋はこの神が降臨のとき所持していた用具からくるという。

愛媛県の和霊《われい》神社の神紋は、宇和島藩祖伊達宗公の忠臣山家公頼（祭神）の家紋からくる。大分県の賀来《かく》神社は健磐竜神《たけいわたつ》を祭るが、鎮西の武神として古来武門の崇敬厚く、やはり鍛冶刀剣を意味する釘抜をシンボルに用いたものとおもう。

愛媛・和霊神社
（丸に釘抜）

滋賀・御上神社
大分・賀来神社
（釘貫）

■釘抜紋使用神社

滋	賀	御上神社	釘抜
愛	媛	和霊神社	丸に釘抜
大	分	賀来神社	釘貫

桃紋——よい子のシンボル

桃は股《もも》のことで、そこから子がうまれ、子孫の繁栄するめでたいシルシ。桃太郎の物語もそれである。

『古事記』では、イザナミノ命の追手をのがれたイザナギノ命が、黄泉比良坂《よもつひらさか》で桃の実に救われ、生命の実《さね》という名を与えられた。

鳥取市の賀露《かろ》神社では、山林田畑の守り神・大山《おおやま》祇《ずみ》神を桃であらわし、和歌山県の須佐神社では、建速須佐之男命と大山一族を祭っているのも同じ意であろう。

鳥取・賀露神社
（桃）

和歌山・須佐神社
（桃）

■桃紋使用神社

鳥　取	賀露神社	桃
和歌山	須佐神社	桃

蛇の目紋――神の目の表象

蛇《じゃ》の目は、弓の弦《つる》を巻きつける弦巻のこと。蛇の目に似ているので、こうもよばれる。やがて蛇《へび》の霊異な作用から、武将の間に護符として用いられた。

愛媛県の住吉神社でこの紋を用いるのは、大洲《おおず》城主・加藤貞泰が、当地に住吉神社を勧請した縁による。また、熊本県の加藤神社は祭神・加藤清正の、ともに家紋からきている。清正の蛇の目はことに有名で、朝鮮征討で敵にまで恐れられていたらしい。

愛媛・住吉神社
熊本・加藤神社
（蛇の目）

■蛇の目紋使用神社

愛　媛	住吉神社	蛇の目
熊　本	加藤神社	蛇の目

鳳凰紋——聖王の紋

大阪・大鳥神社（鳳凰）

東京・大鳥神社（鳳凰）

福島・都々古別神社（桐に鳳凰）

鳳凰は、中国では想像上の瑞鳥として尊ばれる。日本でも宇治の鳳凰堂にこの鳥が飾られていて、瑞鳥の思想は変らない。奈良・平安時代以来、高貴なシンボルとして、衣服、車、調度、建築、彫刻等に用いられてきたのである。鳳凰は、日本では、オオトリと訓み、大鳥とやさしく書いたために、大きい鳥の意味が強く出てしまった。『荘《そう》子《じ》』では「鵬《ほう》」の字を用い、翼が何千里もあるという大きな鳥だと言うから、大鳥の字を当てたのも無理はない。しかし、鵬などという鳥はみたこともないので、日本では「鷲《わし》」の字をあてたりした。

全国の大鳥神社では、多く鳳凰紋を用いているが、そうでないところもある。たとえば、東京都豊島区の大鳥神社では幸福招来のための福包紋、同じく東京都台東区の鷲《おおとり》神社では、月に星紋を用いている。また、大鳥でも目黒区の大鳥神社では、特に「鳳」と雄のカタチをあらわしている。大阪府の大鳥神社は、大鳥部の祖先である大鳥連《むらじ》

大阪・大鳥神社
（鳳凰）

を祀るが、社伝によると、日本武尊が東征の帰途、伊勢国能褒野で病没された。すると、その屍が大鳥に化してこの地に留ったので、祠を建てたという。そんなわけで大鳥神社は、日本武尊を祭神とするところが多い。

■鳳凰紋使用神社

福　島	都都古別《つつこわけ》神社	桐に鳳凰
大　阪	大鳥神社	鳳凰

雲紋——天の瑞兆

須佐之男命《すさのおのみこと》が八俣《やまた》の大蛇《おろち》を退治してから、櫛名田比売《くしなだひめ》と結婚のための新居を建てると、白雲がいく重にも新居をかこみ、けむのように立ちのぼった。スサノオは歌をよんだ。「八雲たつ　出雲八重垣　つまごみに　八重垣つくる　その八重垣を」。氷川神社の八雲の神紋はこの故事による。愛知県の坂手《さかて》神社の神紋は「菊と雲」であるが、雲気は神、菊は皇室との関係を表わす。

愛知・坂手神社
（菊に雲）

埼玉・氷川神社
（八雲）

■雲紋使用神社

埼　玉	氷川神社	八雲
愛　知	坂手神社	菊に雲

胡蝶紋——夢をもたらす紋

鳥取県の松上《まつがみ》神社は丸に蝶紋であるが、これは明和四年、国守池田重寛が本殿を改築した縁《ゆかり》で、その家紋を用いたもの。

同県の志加奴《しかぬ》神社、方見神社ほか、蝶紋を用いる神社が多いが、やはりパトロンである池田公の崇敬社として、その家紋を据えている。

栃木県の唐沢山《からさわやま》神社の神紋は、祭神藤原秀郷の子孫・佐野氏（現宮司）の家紋から来ている。但し蝶紋のほかに、当社は三つ巴、九曜紋も用いているが、やはり佐野氏の紋である。

鳥取・松上神社
（丸に揚羽蝶）

鳥取・志加奴神社
（変り揚羽蝶）

■胡蝶紋使用神社

栃　木	唐沢山神社	揚羽蝶
鳥　取	松上神社	丸に揚羽蝶

鷺《さぎ》紋——神域の聖め役

鷺はいかにも、神々しい風格を備えている。『記・紀』によれば、天若日子《あまわかひこ》の葬儀に鷺が箒《ははき》で聖《きよ》め役を務めている。

岡山県美作町《みまさか》（現・美作市）の鷺神社では、白鷺が薬湯を教えたことから、温泉を開発した神として鷺を祀っている。東京都中野区の鷺宮八幡の付近は、最近まで田に鷺が遊んでいた。中央区の住吉神社でも佃島に鷺がむかしからきた。

滋賀県の天孫神社、大阪市の坐摩《いかすり》神社も鷺紋であるが、鷺は神のみ使である。それ故、鷺の飛来地は神域を意味する。浅草浅草寺の「白鷺の舞」の故事は寺ではあるが、実は神域をあらわしているのである。

東京・住吉神社
（鷺）

■鷺紋使用神社

滋	賀	天孫神社	鷺丸
大	阪	坐摩神社	鷺丸

竜紋——慈雨招来の霊獣

竜は昔から水神をあらわす。平時は湖中にひそみ、とき至れば、雲を呼び、雨をおこし、たちまちにして天にのぼる。このとき起こるのが竜巻である。

都久夫須麻《つくぶすま》神社の神紋は湖中にひそむ竜をあらわす。この竜は、雨をよび農業のための慈雨をもたらすので、雨竜ともいう。抱いている玉は如意《によい》の宝珠である。

京都府の大虫《おおむし》神社の雨竜も水神のシンボルであることは、都久夫須麻神社の紋と同じである。

京都・大虫神社（天竜の丸）

滋賀・都久夫須麻神社（雨竜）

■竜紋使用神社

滋　賀	都久夫須麻神社	雨竜宝珠を抱く
京　都	大虫神社	雨竜・天竜の丸

その他の神紋

長野・武部八幡宮（真田銭）

富山・高瀬神社（雉）

山形・鳥海山大物忌神社（鳥海ふすま）

以上で、だいたい神紋の概略について記した。その数はおおよそ五五種。しかし、そのほかに全国でも数少ない珍しい神紋もある。いまざっと、その主なものを挙げてみると次の如くである。

鳥海ふすま紋を用いているのは山形県の鳥海山大物忌《おおものいみ》神社。この植物はナデシコ科の植物で、鳥海山の山頂と北海道の雌阿寒岳にしか見られない貴重な植物。当社のご神体は鳥海山それ自体で、ちょうど三輪山をご神体としている大三輪神社の杉紋のごとく、ここでは鳥海ふすまを用いている。但し、ふすまの意味は不明。

富山県の高瀬神社では雉を神紋に用いる。祭神は大国主命であるが、命が越《えつ》の国巡行のさい、雉が道案内をしたという故事による。現在も神社関係の者は雉肉をたべない。また、この神社では、神紋といっても雉紋をどこにも用いてはいない（ふつうは菊紋を使用）。すなわち秘紋なのだ。筆者が来意をつげると、尾崎宮司は、だまって拝殿

滋賀・馬見岡綿向神社（雲に二羽雁）

愛知・菟足神社（兎）

静岡・井伊谷宮（李花）

岐阜・水無神社（水びょうたん）

に案内し、提灯に点火してくれた。画かれた提灯の雉は、ご神灯にかがやきカッと眼を見開いた。まさに神霊の宿りである。

長野県の武部《たけぶ》八幡では六文銭を用いているが、真田氏の祈願所から来る。この地方の寺社に六文銭の多いのは、みな真田氏との関係からその家紋を採用したものである。岐阜県の飛騨《ひだ》一宮《いちのみや》水無《みなし》神社は水びょうたん。ヒョウタン六個を放射状に配置して水に象った。ヒョウタンは神霊の宿るものとして祭具に使用。水無《みなし》神とは御年《みとし》神が訛ったもので、農業神である。水びょうたんは農業に欠くことの出来ない水の出入を司る。静岡県の井伊谷《いいのや》宮では祭神宗良親王の歌集『李花集』から李花《すもものはな》を用い、愛知県の菟足《うたり》神社では社名に因んで兎を用いる。滋賀県の馬見岡綿向《まみおかわたむき》神社は「雲に二羽雁」であるが、祭神天穂日命、天《あめの》夷鳥命《ひなどりのみこと》の二神を二羽雁に配し、出雲よりこの地に鎮まる神の御心を雲であらわす。天穂日命は『記・紀』によれば、「大国主神に随い八年に及ぶも復命せず」とある。千家、北島両家の祖神。

堺市の開口《あぐち》神社では三つ茄子。神領の畑で一柄に三個の茄子がなったという。神紋はこの故事に由来する。神戸市の和田神社、和歌山市の日前《ひのくま》、国懸《くにかかす》神社ではそれぞれ神具や祝具の束綿《ゆい》、束熨斗《たばねのし》を用い、鳥

鳥取・長田神社
（八節の竹の内に
向い鯛）

鳥取・名和神社
（帆懸舟）

和歌山・日前神社
和歌山・国懸神社
（束ね熨斗）

大阪・開口神社
（三つ茄子）

取県の名和神社では、帆懸船を用いるが、祭神名和一族の家紋から来ている。名和長年は、後醍醐天皇の隠岐脱出を船上山に迎えた功により、帆かけ船紋を下賜された。これもめずらしい紋である。鳥取市の長田《ながた》神社は、かつて蝶紋であったが、いまは、慶事用に「八節の竹の内に向い鯛」を用いる。魚の紋は、まことにめずらしい。社伝によれば祭日の前夜だれの供物かわからぬが、必ず竹の台に二尾の鯛が供えてあったという。鹿野町（現・鳥取市）の加知弥《かちみ》神社が■を用いるのは、祭神の彦火火出見命、鵜草葺不合命、玉依姫命の三神座をあらわす。

岡山県の穴門《あなと》山《やま》神社では、神木の銀杏を、徳島県の大麻比古《おおあさひこ》神社では社名の麻をそれぞれ神紋に用いる。同じく徳島県の大御和《おおみわ》神社では「鍵の立合」とあるが由来は不明である。

愛媛県の井手《いて》神社の「山吹流し」は祭神の橘諸兄とその一族を流水に山吹であらわし（後世菊水に転化した）、福岡県の水天宮は安徳天皇のご運勢を椿であらわしている。同県の多賀神社では鶺鴒《せきれい》を神紋にしているが、やはり秘紋として一般に公開はしない。青山宮司の好意によりその実形を写すことが出来たが、由来は日本書紀

徳島・大御和神社
（鍵の立合）

徳島・大麻比古神社
（麻）

岡山・穴門山神社
（銀杏）

鳥取・加知弥神社
（丸に三神座）

福岡・白山神社
（抱き柊）

福岡・多賀神社
（二つ鶺鴒の丸）

福岡・水天宮
（椿）

愛媛・井手神社
（山吹流し）

の、伊邪那岐命、伊邪那美命国生みから来ている。略して引用すると、「……則ち陽神先づ唱へて曰く〈美哉、美少女を〉と。遂に合交せんとして、其の術を知らず、時に鶺鴒あり、飛び来て其の首尾を揺く、二神見して之に学びて即ち交道を得つ……」と。

　福岡県若松市（現・北九州市若松区）の白山《はくさん》神社では神木の「抱き柊」を、長崎県の小浜の温泉《うんぜん》神社では、三つ山形の「三嶽紋」を用いている。

■その他の神紋使用神社

山　形	鳥海山大物忌神社	鳥海ふすま
富　山	高瀬神社	雉子
長　野	武部八幡宮	六文銭
岐　阜	飛驒一宮水無神社	水瓢箪
静　岡	井伊谷宮	李花
愛　知	菟足神社	兎
滋　賀	馬見岡綿向神社	雲に二羽雁
大　阪	開口神社	三つ茄子
兵　庫	和田神社	束綿
和歌山	日前神宮 国懸神宮	束ね熨斗《のし》
鳥　取	名和神社	帆懸船
	加知弥神社	丸に三神座
	長田神社	向い鯛を八節の竹にてかこむ
岡　山	穴門山神社	銀杏
山　口	忌宮《いんのみや》神社	白鳥
徳　島	大麻比古神社	麻の葉
	大御和神社	鍵の立合
愛　媛	井手神社	山吹流し
福　岡	多賀神社	二つ鶺鴒の丸
	白山神社	抱き柊
	水天宮	椿
佐　賀	田島神社	七宝
長　崎	温泉神社	三嶽

以上で、旧県社以上の社格を有するその他二十三社の神紋を終わるが、神紋は、神社の保護者や寄進者などによって交代変更をすることもある。それ故、本来の神紋は、かえって権力等によって左右されない小社等に純粋な形でのこっているともいえる。その中で、とくに珍しいものを三十社あげれば次の如くである。

東京豊島・大鳥神社
（福包）

東京・五条天神社
（粟穂）

茨城・加波山普明
神社（サビロギの花）

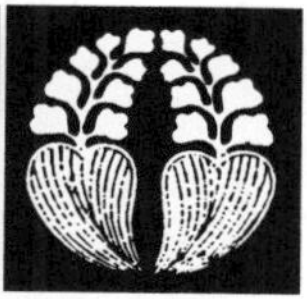

福島・大鏑矢神社
（車前草）

静岡・伊那下神社
（七宝繋）

岐阜・五社神社
（三頭雷斧）

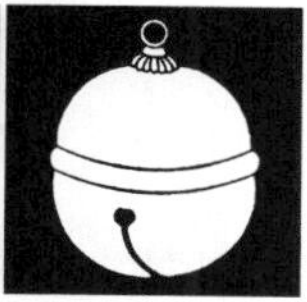

岐阜・荏名神社
（神鈴）

大阪・呉服神社
（糸巻）

滋賀・天稚彦神社
（鶏）

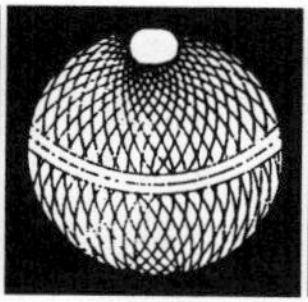

滋賀・天野神社
（毬）

愛知・神明社
（日章）

愛媛・和霊神社
（文銭）

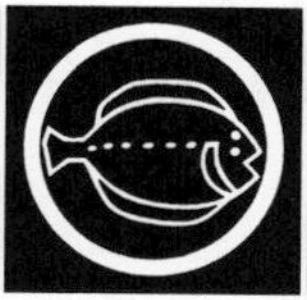

徳島・轟神社
（丸に鰈）

兵庫・日吉神社
（丸に小槌）

■その他の小社の神紋

岐阜	栗原神社	丸の内栗の葉三枚の向い合い	北海道	三吉神社	吉の字を三つ扇形に丸く配す
静岡	竜尾神社	はなからばな	宮城	八雲神社	胡瓜の葉
	伊那下神社	七宝繫	秋田	新波《あらなみ》神社	亀甲に蒲の穂
	浅間神社	天狗巣	福島	大鏑矢神社	車前草《おおばこ》
愛知	竹谷神社	はななぎ	茨城	加波山普明神社	サビロギの花
	神明社	日章	栃木	織姫神社	八稜に織物の組織を現わす
滋賀	平野神社	毬《まり》	東京	五条天神社	粟穂
	荒神山神社	三宝荒神		大鳥神社	福包
	天稚彦《あめわかひこ》神社	鶏		富賀神社	御輿
大阪	呉服《くれは》神社	糸巻	岐阜	荏名《えな》神社	神鈴
兵庫	日吉神社	丸に小槌		道後神社	抱ワラビの中に十六菊花
岡山	多自枯鴨《たじこかも》神社	平鴨		南宮神社	白玉椿
徳島	轟神社	丸に轟の字 丸に鰈		五社神社	三頭雷斧
愛媛	和霊神社	文銭			
福岡	鷲尾《わしお》愛宕神社	猪《い》の牙《ね》			
熊本	別所琴平神社	天狗の面			
大分	横津神社	おさかもり(木下独楽)			

三の鳥居

神紋巡国

さて——

一の鳥居、二の鳥居をくぐられて、神紋について、大略ご理解頂けたと思う。これからそれぞれ地方別に神紋の特徴について調べてみよう。ことに、その地域分布を調べることは、神紋の性質や歴史をさぐる上に重要な手がかりとなる。どこからスタートしてもよいが、北は北海道から、神紋お国巡りをはじめることとしよう。

北海道——菱と亀甲

エゾの地は、渡島とよばれたアイヌの故里。とは言え、日本人の移住が、明治以後——とするのは大なる誤りである。

すでに、嘉吉三年（一四四三）奥州の豪族・安東盛季が戦に敗れてエゾ地へ移住。ついで天文十二年（一五四三）武田信広の孫・義広が松前に大館を建立し祖の霊を祭る。松前郡松前町の松前神社がこれ。檜山郡上ノ国村の上の国八幡宮も同じご祭神である。神紋はともに武田菱。菱系の神紋を用いている神社は、他に江差町の姥神大神宮（丸に四つ菱）、函館市の山上大神宮（菊菱）、室蘭市の中島神社（剣花菱）、福島大神宮（丸に菱）等多い。武田氏の縁《ゆかり》のものが多い。

なおこのほか旧社格郷社以上で厳島神社が釧路市ほか五社あるが、これは内地よりの移住者が漁場安全を祈って、安芸の厳島神社の分霊を勧請したもの。みな、亀甲の内に菱を用いる。

他に旧郷社以上の社格で圧倒的に多いのは巴紋で三十社。いずれも大国主神、大国魂神《おおくにみたまのかみ》をはじめ、エゾ地開発と、国土経営の願いをこめたご祭神が多い。

青森県——鶴と牡丹

陸奥と書いて「みちのく」または「むつ」。むつはみちのく、みちの東北なまり。道の奥の意。斉明天皇のころ、阿倍比羅夫、坂上田村麻呂がエゾを鎮圧したゆかりの地。戦国時代には、この地方にも群雄が割拠し、やがて津軽氏と南部氏が陸奥を二分した。

津軽氏家紋は、有名な津軽ぼたん、南部氏は、向い鶴。この二豪族は、それぞれ、縄ばり内の神社のパトロンとなり、いつしかその家紋が神紋となる。たとえば岩木山神社は、大山祇神《おおやまつみの》や坂上刈田麿命（田村麻呂の父）を祭るから、折敷に三か車前草《おおばこ》を神紋とすべきだが、実際はそうでなく津軽ぼたん。こういう例は、他にもひじょうに多い。

さて、牡丹紋を神紋とする神社は、岩木山神社のほか、青森市の善知鳥《うとう》、大星の二社、黒石市の黒石神社、木造町の三新田神社、岩木村の高照神社、平賀町の八幡宮など。

一方、鶴紋は南部町の諏訪神社、むつ市の田名部神社、三戸町の糠部《ぬかべ》神社、八戸市の三八城《みやき》神社等である。田舎館村の生魂神社は卍紋を用いているが、これも津軽氏の家紋。

岩手県——鶴の天下

しらくもの　うかぶ　はてまで
はろばろと　蒼き　国原

と、県民歌にある通り、岩手県は、北上川を大地の母として四方に、果てしなく広がる……。

平泉を中心とした藤原三代は、武士《つわもの》どもが夢のあととなり、いまは中尊寺に、その想いをとどめるにすぎないが、頼朝の奥羽征伐に従って大武功をあげた千葉一族は、北上していまでも九戸郡に生きつづけている。その中心地は九戸神社。神紋は九曜星。空の軍神をシンボライズし、千葉家の家紋でもある。宮司・千葉重幹氏も同紋、同族。

戦国時代は、葛西、斯波、閉伊《へい》氏を抑えて北部から南部へ転進した南部氏がやがて、岩手を統一。戦場に舞い

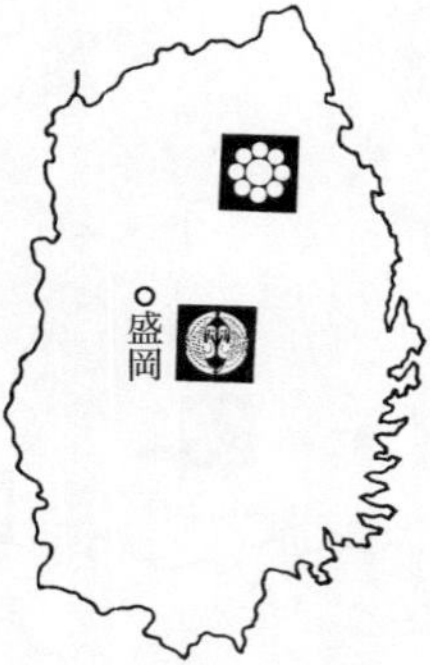

下った二羽の鶴を記念に「向い鶴」の家紋を用いた。盛岡市の桜山神社は南部光行公ほか累代の祖を祭る。さらに同市の榊稲荷、花巻市の鼬幣《いたちべい》稲荷、遠野市の遠野郷八幡及び南部神社、雫石《しずくいし》町の岩手山神社、紫波町の白山神社及び志和古稲荷等はみな、南部氏の縁により向い鶴を神紋に採用している。

宮城県――発展する熊野信仰

五つ五十鈴の大神社《やしろ》
六つ多賀城の陸奥総社

の通り、気仙沼市の五十鈴神社は、海上安全・大漁を祈願して、応永年中伊勢神宮より御霊代を奉祭。神紋は菊に花菱。伊勢神宮の飾り金具から来ている。六つ多賀

城町の陸奥総社は陸奥国一百座を合祀する総社で神紋はない。七つ仙台市の七郷神社はもともと熊野神社で神紋は烏。八つ仙台市（及び古川市、岩出山町寺）の八坂神社は木瓜、同じく八幡社は巴および鳩。鳩は神のみ使い。九つ泉町の熊野神社は烏である。

全体に宮城県は、熊野社がのび、庶民信仰のさきがけを承り、八幡社はエゾ征伐の東北武士に信仰された。従って八幡、熊野の二社は他社からみると断然多い。

さらに、名取市の佐倍乃神社、蔵王町の刈田嶺神社、泉町の賀茂神社、小野田町の薬莱神社、中新田町の鹿嶋神社等は、伊達家の尊崇あつく、その寄進等によって、伊達家の家紋「丸に縦三つ引両」を神紋としている。ことに、刈田嶺神社は伊達家累代の祈願神社である。

秋田県——お伊勢さまの出張地

東北の守りとして空高く水清き高清水《たかしみず》の岡（現・秋田市）に秋田城が築かれて（天平五年、七三三）以来一二〇〇年余。佐竹義宣が幕府の命によって入城（慶長七年、一六〇二）して以来四〇〇年。比較的文化の進んでいる出羽の国ではあるが、願いは米をつくり小金をためて、お伊勢参りをすることだという。それは、

わしが国さは　お伊勢が遠い
お伊勢恋しや　参りたや

の唄にあらわれているが、伊勢路は遠くけわしい。

それかあらぬか、秋田県には神明さまが多い。祭神は天照大御神で、伊勢皇大神宮の分霊を祭る。お伊勢参りの出来ない善男善女のためのご出張だ。ことに、旧郷社、村社、無格社に多いのもささやかな庶民のいじらしい信仰心をあらわしている。神紋は花菱。神宮本殿の棟

木の飾り金具を模したもの。

さらに、大森町の保呂羽山《ほろはさん》波宇志別《はうしわけ》神社をはじめ、神岡町の八幡神社、男鹿市の真山《しんざん》神社、秋田市の八幡秋田神社等は佐竹義宣ほか代々の藩主が祭神で、佐竹氏の家紋「五本骨扇に月の丸」を神紋とする。

山形県——八幡信仰の多いところ

お隣りの秋田県がお伊勢信仰を中心としているとすれば、当県は八幡信仰。県内至るところに八幡さま。いま数えてみたら二九社。旧無格社、村社を除いての数である。全県一三九社（旧郷社以上の社格をもつ総数）の二割はハチマンサマなのだ！

神紋には巴紋を用いるが、これは、根本社の九州宇佐神宮が巴紋だからである。祭神は神功皇后の御子・誉田《ほんだ》

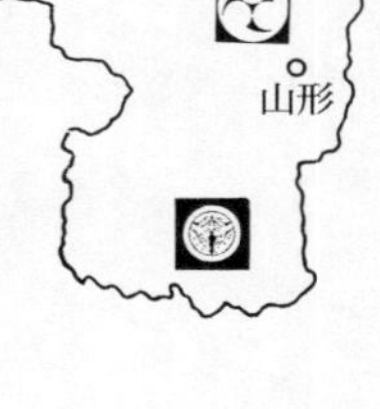

別尊《わけのみこと》（応神天皇）及びその子・比売大神。この三霊を三つの巴であらわす。巴は御魂《みたま》のシンボル。元来が武神であるから、東北武士に信仰されたわけだが、六世紀の中頃、庄内に出羽柵《でわのさく》がつくられ、七〇八年（和銅元年）越国《えつのくに》の一郡として出羽郡がおかれてから江戸期まで、戦乱がたえなかった。八幡信仰が広まったのも無理はない。

なお、櫛引村の八幡社は二羽の鳩を用いるが、これは神使だから。さらに菊、桐（高畠町）、笹りんどう（山形市）、鶴（新庄市）などの神紋を用いる八幡社もあるが、巴紋と併用している。これらはパトロンとの関係による。

なお、有名な出羽三山も巴であるが、謙信を祭る上杉神社は竹に雀で家紋から来ている。

福島県——月星紋の地盤

九曜、六つ星、三つ星などと、月星信仰の多いのが福島県の特徴。千葉常胤の次子相馬師常を祭る相馬市の相馬神社、同じく涼ヶ岡八幡神社をはじめ、金山町の宇奈多理神社、小高町の蛯沢稲荷神社、同じく相馬小高神社、原町市の太田神社、新地村の子眉嶺神社、白河市の南湖神社等……。

これは頼朝の奥州征伐に従った千葉一族が、戦勝を祈願して妙見菩薩を祭ったことにはじまる。月、星は、妙見菩薩のシンボル。千葉一族は、ふつう宮城（陸前）、岩手（南部）に繁栄し、千葉姓を名乗るが、神社も苗字も多い。相馬に落着いた一族は相馬姓。すべて星紋。なかでも多いのが九曜である。

ついで、諏訪神社の梶紋。福島市、会津若松市（二社）、磐城市（二社）、桑折町、小野町、塩出町、会津坂

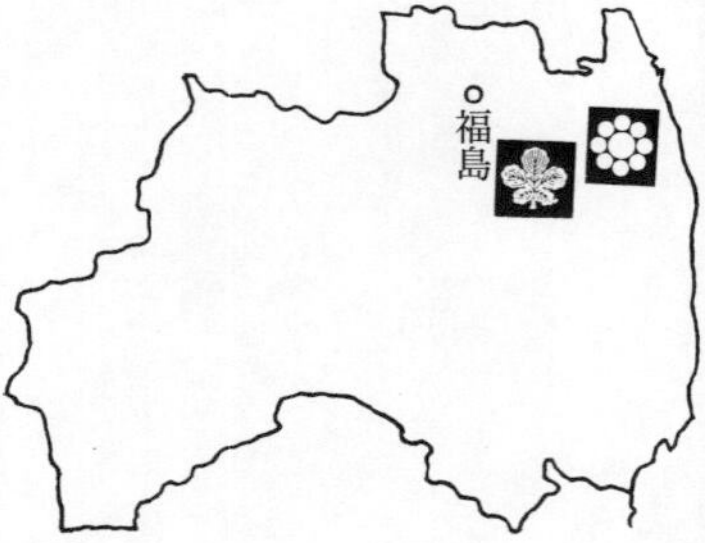

下町等に鎮座し、みな梶。これは、長野の諏訪大社の祭神建御名方命の霊を勧請したもので、国土鎮護の神。梶は諏訪神のシルシである。さらに船引町の大鏑矢神社は薬草車前草《おおばこ》を神紋にしているが、これは祭神・坂上田村麿の祖神が医薬の神であったことによる。

茨城県——珍紋天狗の羽うちわ

茨城は黒坂命が土賊を攻略するために茨《いばら》の城を築いたことから起こったというが、県民はエバラキとよぶ。そのエバラキに珍紋天狗の羽うちわ紋が出てきた。八郷町の足尾神社、及び加波山神社、岩間町の愛宕神社、桜川町の大杉神社がこれである。これらの神社は日本武尊のご東征のとき神託により国常立命、イザナギ・イザナミノミコトの三柱を祭る。ところが、古来この常陸三山

（足尾、加波山、筑波山）は天狗の霊場として名高い。このシンボルに用いたのが羽団扇紋。もっとも真壁町の加波山普明神社はサビロギの花（天上界にある神花で、下に雲、上に柳の枝を配する珍しい紋）を用いる。

なお、常陸国一の宮の鹿島神宮はタケミカヅチノ神を祭る。神紋は右三つ巴、その摂社もまた多い。常陸太田市の天志良波《あめのしらわ》神社、日立市の泉社、筑波町の筑波山神社、常滑村の稲荷神社、水戸市の常磐神社と別雷皇太神（雷神様）は江戸時代に領主徳川氏より尊崇をうけ、その縁によって葵を神紋としている。家康公を祭る、水戸市の東照宮はむろん徳川葵である。

栃木県――巴紋の天下

仁徳天皇（四世紀）のころ毛の国が二分されて上毛野《かみつけ》

国、下毛野《しもつけ》国が誕生。栃木県はその下つ国。のち下野国と略記された。平安初期には、慈覚大師があらわれ、後期には、藤原秀郷が平将門を伐って武名を轟かす。子孫は小山氏（巴）、佐野氏（巴）ほか数が多い。さらに佐野市の唐沢山神社は秀郷公を祭る。神紋巴。源義家について都から来た宗円は宇都宮氏（巴）を称したので、下野は、まさに巴の天下である。

ことに秀郷の子孫は、ふえにふえて東北に広まる。日光の二荒山《ふたらさん》神社と宇都宮の二荒山《ふたあらやま》神社は発祥は別というが（前者は大己貴命、後者は豊城入彦命を祀る）、もとは毛野氏の氏神で同祖。日光山頂に宮を設けず、現《うつつ》に現われるところを宇都宮としただけの違い。だから、この二社も巴である。旧郷社以上の社格を有する神社総数六八社の中、巴紋は三四社。まさに半数は巴だ。

変わっているのは那須町の温泉《ゆぜん》神社。白鹿の湯浴みしている泉地を見て温泉神を祭る。後世那須与一も、当社に祈願して扇の的を射た。霊現四方にあまねく及ぶとい

うので神紋は卍《まんじ》。正倉院文書にも当社のことは明らかである。

群馬県――紋次郎ゆかりの地

上州新田郡三日月村の木枯し紋次郎クン。家紋はさしずめ三日月というところだが、これはフィクション。しかし、新田郡を代表する紋はある。それは横太の一本棒を引いた一つ引両紋――大中黒で、太田市の新田神社で用いている。昇天の竜をあらわし、源氏の新田義貞が天下を取る意。ところが、川向うの足利から名乗りをあげた同族の足利尊氏に攻められ、越前藤島で敗死。足利氏は二つ引両で二匹の竜に一匹の大竜が咬みころされたことになる。いま、両毛沿線には二つ引両が多いが、一つ引両はきわめて少ない。神社では、尾島町の八幡さ

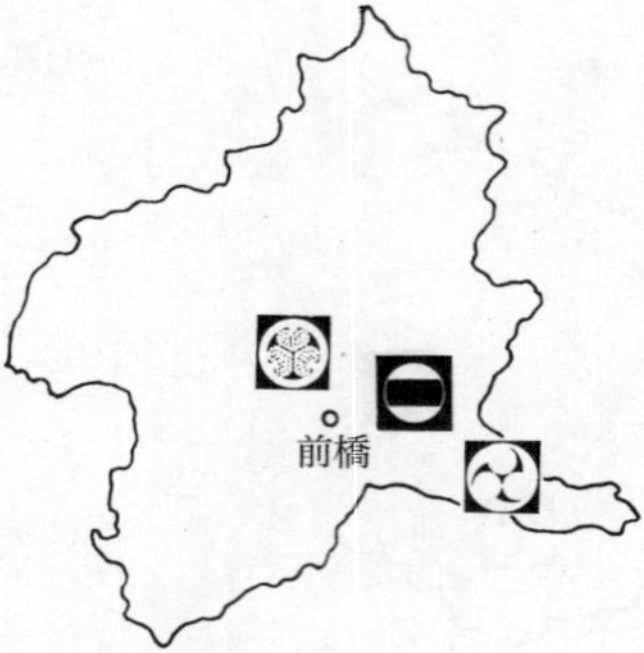

まだけ。

徳川氏は、もと新田氏で、この地から出たから、いわば徳川氏の遠いふるさとだ。それ故、葵紋も多い。前橋市、尾島町の東照宮は言うに及ばず、赤城山神社（富士見村）、富士嶽神社（館林市）、賀茂神社（桐生市、太田市）などがそうである。葵紋は、もともと賀茂神社の神紋で、徳川氏もその氏子なのだ。

埼玉県――バラエティーに富む県

埼玉は万葉集にある佐吉多萬。サキタマは幸玉で、県章も十六個のまが玉である。元明天皇のとき和銅開珍が出たのもこの地方。まことに幸玉の地である。いまも埼玉郡埼玉村（現・行田市）に前玉《さきたま》神社があり、武蔵国造たちの祖を祭っている。平安のころは、武蔵七党の本拠がここにあった。中心はいまの児玉町の児玉党。

第一にあげるべきは大宮市の氷川神社。武蔵国の一宮として尊崇をうける。神紋八雲は、祭神須佐之男命の「八雲立つ」の御歌にもとづく。

秩父郡大滝村の三峯神社は杜若菱《かきつばたびし》で、京都花山院家の猶子が山主になるならわしから、その家紋を使用した。坂戸町の大宮住吉神社は丸に大、日高町の高麗神社は巻鶴、幡羅村の楡山神社は八咫烏、秩父市の秩父神社は葵、野上町の宝登山神社は五三桐、東松山市の箭弓稲荷神社は稲丸、大宮市の護国神社は桜、所沢市の中氷川神社は亀甲、同上市の物部天神社・国渭地祇神社、天満天神社は梅鉢、川口市の峯ヶ岡八幡社は三つ山形、右三つ巴、川越市の古尾谷八幡神社は菊花、与野市の一山神社は富士山に丸三……なかなかバラエティーに富んでいるのがサイタマ県なのである。

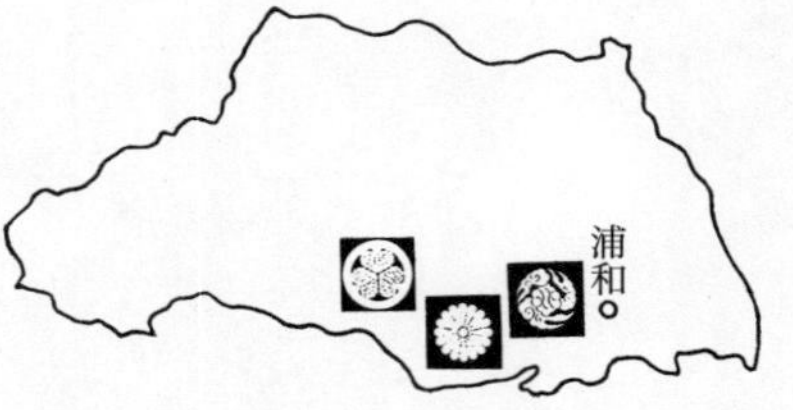

千葉県——妙見さまの本拠

千葉市の千葉神社は千葉氏の氏神。この千葉は千の葉で松葉のこと。松葉のように子孫が数多くふえることを祈念する。信仰は月と星で、これは妙見菩薩を意味する。戦場で敵に囲まれ、軍神妙見菩薩を信心して囲みを脱したという。

同系の月星を用いる神社は干潟町の熊野神社、船橋市の二宮神社、君津町の人見神社、千葉市の登渡《とわたり》神社等数が多い。

しかし、なんと言っても千葉県最大の神社は香取神宮。祭神・経津主命《ふつぬしのみこと》は鹿島神宮の大神と共に出雲、大和の調停に立ち、国土の円満譲渡に成功。よって皇室より神宮の称号をうけ、五七桐の紋を賜わる。

さらに、館山市には安房神社がある。神武天皇のご東征のとき、天富命が阿波の斎部氏を率いてこの地に移

住、東北開発に当った。安房郡の名はこれより起こる。天富命は、この地に天太玉命を祀り、安房社と称した。本国一の宮で、ながく里見氏、徳川氏の尊崇をうけてつづいた。神紋菊花。

東京都——乃木と東郷

乃木神社、東郷神社といっても、今の人は知らない。そんな結婚式場があった——くらいなもの。しかし、かつては日露戦争の名将として、その名も高き乃木希典、東郷平八郎のミコトを祀る名社、と言えば思い出す人もあろう。神紋は、ともに家紋から採った四つ目と蔦。

さらに、明治神宮は菊。護国の英霊二百四十万人を祀る靖国神社は桜。護国の花と散った御魂を祀るシンボルとしては、まことにふさわしい。

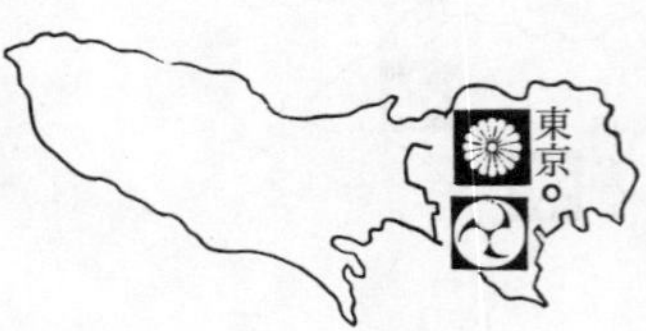

江戸時代は、将軍のお膝もとであったから葵紋も多い。上野東照宮、品川神社、千代田区の日枝神社、大田区の六郷神社等。

変わったところでは、佃島は住吉神社の鷺の丸。家康の命により大阪住吉神社の分霊を勧請して、佃島の守りとした。日本橋の水天宮は椿紋で、水神だから碇も用いる。浅草のお鳥さまは月星、雑司ヶ谷のお鳥さまは福包、千住の天王さまは祇園守。

総じて、東京都は八幡社と氷川神社が圧倒的に多く、紋章上からみれば、巴の地盤である。

神奈川県——鎌倉八幡の故地

源頼朝の鎌倉開府以来、八幡さまの株は急上昇。鶴岡八幡をはじめ県内には横浜市の富塚、中村、根岸のそれそれの八幡、平塚市、厚木市、城山町、西秦野町、茅ヶ崎市の八幡さま。数えればきりがないがそれぞれに繁栄している。

鎌倉武士が八幡大菩薩を信仰することは源頼朝の鶴岡八幡宮（鎌倉八幡）創建でもわかるが、この八幡大菩薩の神紋はみな巴。但し、鶴岡八幡と平塚の八幡は替紋に鶴の丸も併用する。由比郷鶴岡の、鶴の地名に因んだものだ。

さらに素盞嗚命、日本武尊、応神天皇、五十猛《たける》命（スサノオノ命の御子）など、みな武人にふさわしい神々を祭る神社——たとえば杉山神社（横浜に四社）、走水神社、叶《かのう》神社（以上、横須賀）等も多い。これらは京都を中心とする貴族の生き方に対する東国武士団の生き方を暗示するものとして興味ぶかい。

梶の葉を神紋とする諏訪神社も多いが、祭神は建御名方命で、やはり武神。有名な箱根権現は菊、二宮尊徳を祀る二宮神社は、家紋から来た丸に横木瓜である。

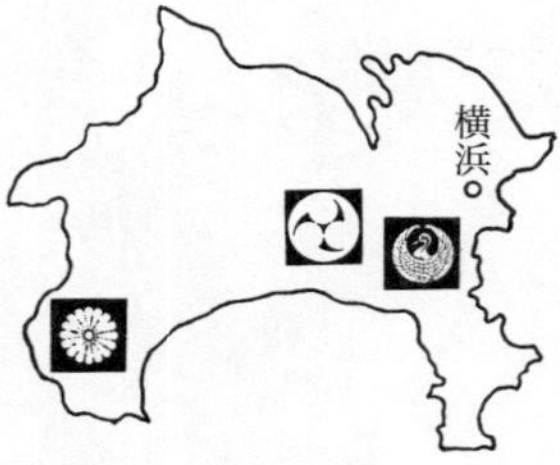

新潟県——上杉笹の発祥地

上杉家の家紋は竹に雀。この家紋を神紋としているのが、謙信公を祭った春日山神社である。童話作家で名高い小川未明の父・澄晴は、高田藩の武士であったが、謙信公の遺徳を慕い、同志と相図って明治二十年同社を建立。春日山は公の居城である。

変わったところでは、弥彦神社の神紋・丸に大。糸魚川にある奴奈川神社の榊九葉。

佐渡にも神社は多いが、二宮神社、松前神社はともに上り藤。前者は順徳天皇第二皇女・忠子女王を、後者は天児屋根命を祭る。ともに藤原氏とのゆかりによる。

村上市の藤基神社や、両津市の椎泊《しいどまり》神社は、反対に下り藤。

総じて新潟県は、長野県の諏訪神社の影響をうけて梶紋が多い。新発田市、両津市、十日町市、和田町、吉田村の諏訪神社はもちろん吉田町の日枝神社、長岡市の平潟神社なども梶である。

新潟大神宮は花菱を神紋としているが、これは伊勢神宮のカザリ金具に花菱が用いられているからである。

富山県――梅と菊と桜

梅紋は天神さまのシンボル。菅原道真公を祭ったシルシ。富山県では、石動町の愛宕神社及び護国八幡宮、富山市の於保多神社、高岡市の高岡関野神社、婦中町の速星神社等数多い。天神信仰のさかんなあらわれである。

菊は高岡市の有礒正八幡（菊巴）、中田町の移田八幡（菱菊）、八尾町の白鳥神社（十六菊）、新湊市の放生津八幡宮（菊花と桐葉の抱き合わせ）と道神社（菊菱）。これはみな皇室との関係による。

さらに砺波《となみ》市の神明宮、富山市の日枝神社、氷見市の日宮神社、黒部市の八心大市比古神社や富山県護国神社は桜花を用いている。富山県護国神社は護国の神霊二万七〇一八柱を桜花であらわし、他は多く、祭神のシンボルである。

富山市の越中白山総社、砺波市の林神社は輪宝《りんぼう》という仏具を用いる。これは印度では、戦場で用いる大車輪のことで、邪悪をくじき、天地正道を守るための武器。この大車輪の輪転するところ、山は平地にならされ、谷はうずまり、正義の進軍が可能であるという。多くは仏教のゆかりから用いる紋。神仏習合から、この紋を用いる神社も多い。

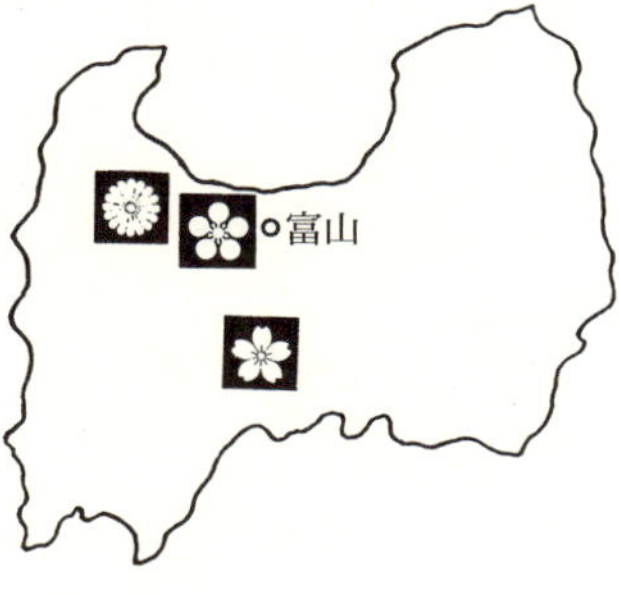

石川県――加賀梅鉢の発祥地

一口に加賀百万石というけれど、前田利家の子利長は慶長五年関ヶ原の戦功で、一一九万五〇〇〇石に増加している。この前田氏が、天神信仰ときているから、石川県には梅紋を神紋としている神社がきわめて多い。いわばパトロンの紋を神紋としたというわけ。あげれば、江沼神社（加賀市）、尾山神社（金沢市）、小浜神社（内灘村）、金沢神社（金沢市）、加賀神社（津幡町）、小松天満宮（小松市）、須々神社（珠州市）、高爪神社（富来町）、椿原天満宮（金沢市）、白山神社（小松市）、服部神社（加賀市）などきりがない。いかに、天満宮が崇敬されているかがわかろう。

加賀市の菅生石部神社、金沢市の大野湊神社はそれぞれ、州浜、波に州浜を使用。めずらしい紋だが、とも

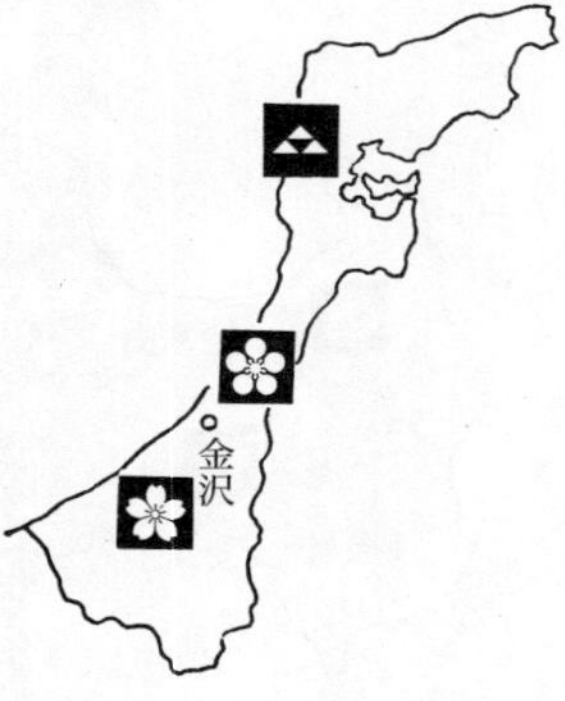

に、スカ（州処）の地すなわち砂丘地に創建された神社をシンボライズしている。金沢市の久保《くぼ》市乙剣《いちおとつる》宮、羽咋市の気多神社をはじめ、桜使用の神社も多い。

福井県——珍紋三つ光

三つ光、すなわち日・月・星の三星を象っためずらしい神紋が福井県に二社ある。福井市の足羽神社と鯖江市の舟津神社がこれ。

天体信仰から来ているもので、三星の光りをうける、まことに有難い紋。その神は坐摩《いかすり》五神で住居の神である。三光紋は昼夜をわかたず、住人に光を恵む意。

福井市の藤島神社は、新田義貞を祭るので大中黒（一つ引両紋）、小浜市の若狭彦神社は豊玉姫命を祭り、水玉が神紋。しかし、最大の数をほこっているのは八幡さ

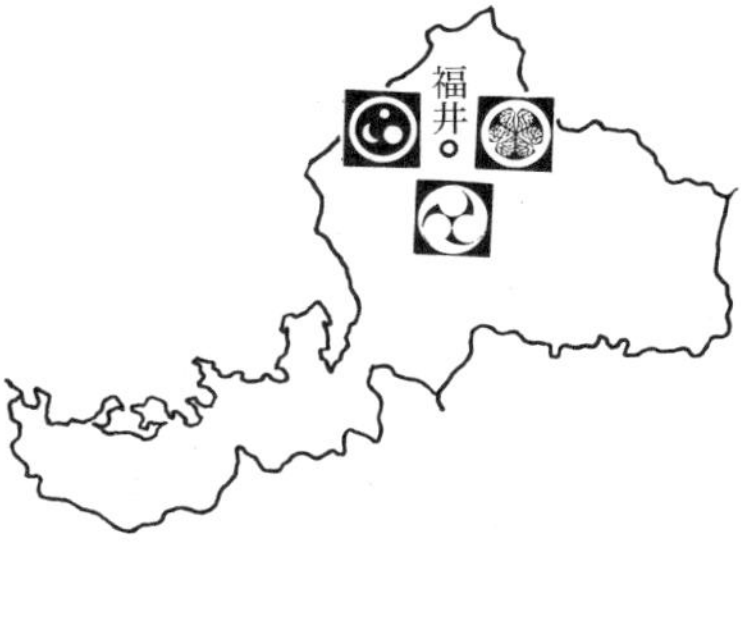

まで、巴や鳩紋。つぎは神明さまの巴や桐。これにつづくものは春日神社で、藤紋を使用。

さらに松平氏や本多氏の影響をうけ、大湊神社（三国町）、毛谷黒竜神社（福井市）、佐佳枝迺社（福井市）、日吉神社（大飯町）、藤垣神社（武生市）、福井神社（福井市）、湊八幡神社（福井市）など、葵紋もなかなか多い。

山梨県――菱一色

山やまの峡《かい》からおこった甲斐の路は、日本武尊の東征の通路に当っていたといわれる。その甲斐を本拠とする甲斐氏の子孫が武田氏である。家紋は割り菱――通称武田菱。

その中心は甲府市古府中町の武田神社で祭神は武田晴

信公。源氏の新羅《しんら》三郎義光の後裔である。同じく菱紋を使用の神社に、穴切大神社（甲府市）、熱那神社（高根村）、神部神社（甲西町）、窪八幡神社（山梨市）、佐久神社（中道町）、倭文神社（韮崎市）、諏訪神社（牧丘町）、松尾神社（塩山市）、三富貴神社（武川村）、山梨岡神社（山梨市）、鉾衝神社（八代町）など多い。みな武田氏との縁《ゆかり》による。

　また、武田氏と関係のふかい諏訪氏が、諏訪神社の神紋梶を用いているので梶紋も当地に多い。甲府市の諏訪神社をはじめ、南部町の諏訪神社、西桂町の浅間神社、明野村の宇波刀神社、韮崎市の南宮大神社などがこれ。

　木花咲耶姫命をまつる浅間神社は、咲耶姫にちなんで桜紋。もっとも、一宮浅間神社と富士小嶽神社は棕櫚《しゅろ》紋から転じた「天狗の羽うちわ紋」である。

長野県――梶の葉と六文銭

長野県は、どこを歩いても諏訪神社が祭られている。その数、ゆうに千社をこえる。諏訪大社がその総本社で、中洲に上社、下諏訪町に下社がある。祭神は大国主神の御子・建御名方命《たけみなかたのみこと》、水辺を意味する水潟《みなかた》の名称があるのは、スワ即ち沢に祭られているからである。スワ湖がその水源で、ここから信濃川、木曾川、天竜川、富士川が発しているのでもわかる。

さて、神紋は祭具の梶を象り、武と農とをあらわす鎌もあわせて使用。諏訪大社の分社は全国に五千社も広まり、遠く九州のはて鹿児島県にまで及んでいる。神紋は、諏訪梶と称する五分葉の立ち姿であるが、根がついているのが特徴で、根あり梶といっている。

さらに信州では、小川村の武部八幡宮をはじめ六文銭が多い。これは上田藩主、松代藩主などを勤めた真田氏

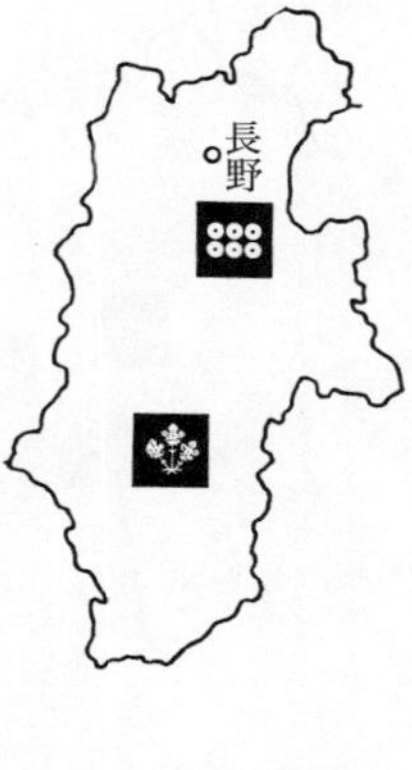

の家紋で、祖先の海野氏、滋野氏が用いたものである。それ故、同上氏の氏神を祭る神社では、みな神紋として六文銭を使用。松代にある同氏の菩提寺、長国寺でも寺紋に採り入れている。

岐阜県──織田瓜の多いところ

美濃と飛騨の二地方を合わせて、いまは岐阜県という。その中心、岐阜市は斎藤氏を滅ぼした織田信長が命名したもの。そのため織田氏のシンボル木瓜（織田瓜）が当地方に広まった。鶉田神社（岐阜市）、阿夫志奈神社（川辺町）、大矢田神社（美濃市）、手力雄神社（那加町）、杉生神社（南濃町）、御佩の宮神淵神社（七宝村）など。

笹りんどうが多いのは、平安の末から、源氏と関係が

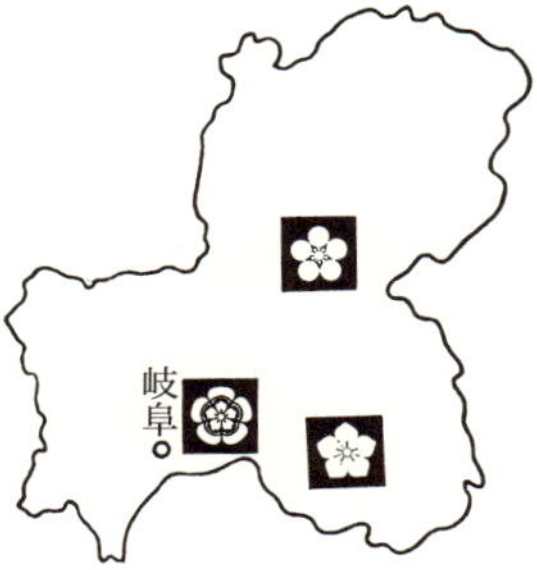

深く、室町時代にはその一族の土岐氏が美濃の守護となったからである。

たとえば、井上神社（関ヶ原町）、久津八幡宮（萩原町）、大歳神社（古川町）、武並神社（恵那町）、八幡神社（中津川市、羽島市）等。もっとも、土岐氏自身は巴と桔梗紋を用いている。

織田氏に滅ぼされた斎藤氏は、天神信仰によって、当地に天満宮を勧請したので、梅鉢紋である。その影響で当地は、天満宮も多い。加納天満宮、天神神社（岐阜市）、天満神社（高山市）ほか。八幡宮の中で鳩紋を用いるのは御嵩町、大垣市の八幡宮。鳩が八幡宮の御使いだからである。

静岡県——棕梠の葉と葵

富士山を背にした静岡県は、なんといっても富士の大神を祭る浅間神社の地盤。この神社は山奥に天狗が住むというので、天狗の羽団扇が神紋となった。しかし、これは誤伝で、浅間神社の大宮司が棕梠紋を用いたことから起こったもの。棕梠がうちわに似ているから、うちわといったのである。また浅間神社には木花咲耶《このはなさくや》姫《ひめ》もお祭りしてあるから、そのシンボル桜も神紋になっている。

三嶋大社は「隅切角に三文字紋」。これは有名な三島大明神のシルシで、隅切角は八角形であるが、神器の三宝をあらわした。源頼朝も源家再興の祈願所とし、社領、神宝を献じている。

久能山東照宮は、源家康公を祭ったので葵紋。春野町の秋葉神社は、秋葉にちなんで紅葉。

浜松市の賀久留《かくる》神社は丸に二つ引両紋。足利義尚や、その後裔今川義光などの寄進をうけて、その家紋二つ引を神紋に用いた。

引佐町の井伊谷宮は、正紋に菊花を用いているが、宗

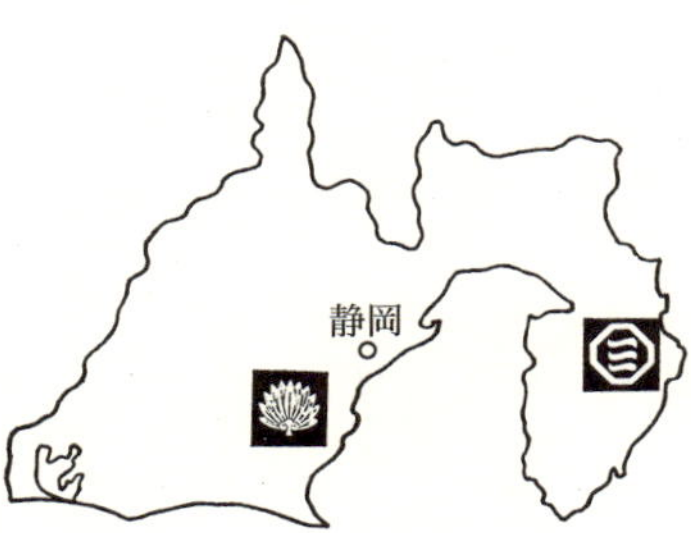

良親王を祭ったので、その歌集『李花集』にちなんで李花も用いる。

愛知県——桐と菊と葵

桐は霊鳥、鳳凰のすむ木。竹の実は、鳳凰のついばむもの。ともに霊木として聖王のシンボルとされた。これは中国思想であるが、日本では平安のはじめ文様として天子の御服に使用された。

のち、桐は天子の御印となるが、竹紋とは分離された。熱田神宮では、めずらしく桐と竹との合成紋として用いている。皇室のゆかりによることはもちろんである。桐は、皇室から武功その他顕著な功績のあった臣下に与えられたが、代々将軍家ではこれを拝領することになっている。皇室や将軍家から拝領した家臣は、さらに

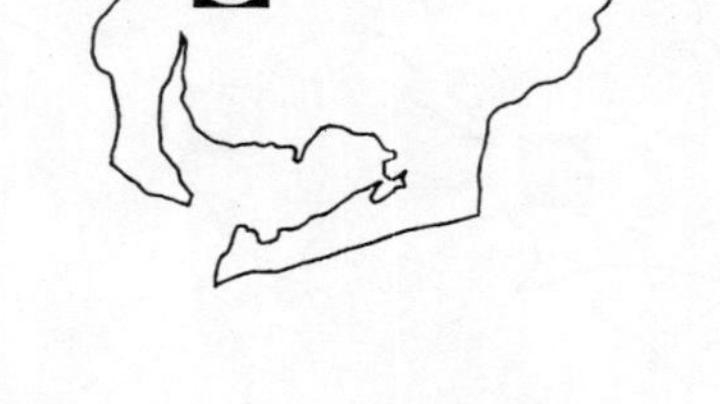

これを誇示し、子孫に伝えた。神紋も同様で桐紋使用の神社は旧社格、県社以上で四十九社に及ぶが、これらの神社では何らかの関係で、皇室や将軍家と結びつき桐紋を用いたものである。

また、徳川家康を出した愛知県では、家康公を祭る神社はもちろん、徳川家をパトロンとする神社も、みな、その威光に敬意を表して葵紋を用いている。

三重県――神宮花菱の模様

伊勢へ伊勢へと　萱の穂もなびく
伊勢は萱ぶき　こけらぶき

その、お伊勢さまにお参りすると、無飾・無色の白木造りの建築の中に、わずかにカザリがある。棟木の剣

菱。垂木や欄干の花菱と唐花・唐草。階段柱の青海波と花弁。殿扉の雲気その他である。いわゆるカザリ金具であるが、これは明らかに大陸模様の採用である。神宮建築の本来の姿からみればこれらの模様はなかったと思う。しかし、創建当時からはるか下った奈良時代において、すでに当時の仏教文化の影響をうけて、これらの模様が据えられていたに違いない。中には、花菱を神紋とみるむきもあるが、やはり飾り模様である。

お伊勢さまには神紋はないのだ。ただ、影響をうけて鈴鹿市の深田神社、加佐登《かさと》神社、鳥羽市の賀多神社、伊勢市の茜神社、河辺七種神社などでは神紋に花菱を用いる。

なお、亀山市の亀山神社をはじめ源氏ゆかりの地として笹竜胆もみられる。

滋賀県——梅と四つ目

県の六分の一は湖の滋賀県。かつて天智天皇が都を大津に定められたゆかりの地。戦国時代は、明智光秀の坂本城、秀吉の長浜城、賤ヶ岳の古戦場などもあり、遺跡にも富んでいる。

この滋賀県は、佐々木氏の本拠で、沙々貴（佐々木）神社がその氏神。宇多源氏、近江源氏の祖神である。神紋も佐々木氏と同じく「四つ目結」、山東町の岡神社、新旭町の大荒比古神社、甲良山の桂城神社、秦荘町の春日神社、甲良町の甲良神社、野洲町の大笹原神社などはすべて四つ目。みな佐々木氏のゆかりによる。

さらに天神信仰もさかんで、彦根市の北野天神社、天満天神社、余呉村の草岡神社、マキノ町の天神社、今津町の阿志都弥神社、浅井町の波久奴《はぐぬ》神社及び岡高神社、野洲町の菅原神社、栗東町の大野神社、小槻神社などが

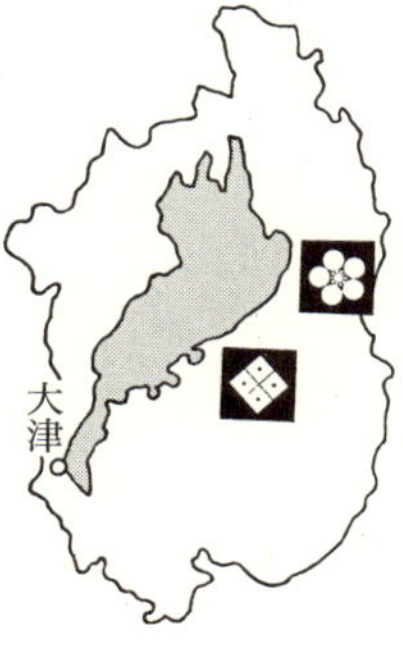

これである。

めずらしいところでは、天稚彦神社（豊郷町）の雞、建部神社（蒲田町）の三本杉、坂上田村麻呂を祀る田村神社（土山町）の車前草《おおばこ》、波爾布神社（新旭町）のひさご、馬見岡綿向神社（日野町）の雲に二羽雁など、バラエティーに富んでいる。

京都府——葵と橘と藤

徳川二百六十余年のご時勢は葵紋の天下というけれど、そのアオイも、もともとは賀茂神社の神草——カモは神で、賀茂神社の奥の神山に生えているカモ葵が神社のシンボルとなったものである。徳川氏はカモ神社の氏子にすぎない。貴船神社、松尾神社、以上京都市。向日《むこう》神社（向日市）、大山咋《おおやまくい》神社（丹波町）などが葵紋を用いるのは、やはり神草葵を尊んでのこと。

橘紋も多い。梅宮大社（京都市）は、橘氏の氏神であるから当然だが、京都の守り平安神宮が桜と橘を用いるのは、紫宸殿の左近の桜、右近の橘に因《ちな》んだもの。石清水八幡（八幡町）の橘紋は、祭神・誉田別尊（応神天皇）を古代の高貴果の橘でシンボライズした。綾部市の八幡宮、八木町の船井神社もともに橘を用いているが、神木からきている。

さらに、大原野神社（京都市）、朱智神社（田辺町）、祝園神社（精華町）、吉田神社（京都市）のように、藤紋も多い。これは藤原氏のゆかりから起こったもの。

ほか総じて皇室との関係から、菊、桐が多いのも京都の特徴であろう。

大阪府――木瓜と梅

木瓜は窠《か》ともいい、八坂神社または祇園社の代表紋。「窠」とは地上の鳥の巣を象ったもので、中の模様はもともと卵であった。子孫繁栄のおめでたいシルシで、八坂神社でなくても、スサノオノミコトを祭る神社は多くこれを使用する。ちょうど八幡社が巴を用いるようなものである。

大阪府の神社にこれが多いのはとりもなおさず、八坂系神社が多いことだが、おもしろいのは天満宮でもこれを用い、祭神がスサノオノミコトと二柱になっている。たとえば感田神社（貝塚市）、津《つ》嶋部《しまべ》神社（守口市）、片野神社（枚方市）、井於神社（茨木市）、錦織神社（富田林市）など。これらは、文武の神を祭り、両面策戦にそなえた祖先の智慧かもしれぬが、天満宮が意外に多く、梅紋の花ざかりというのも特記すべき点だ。

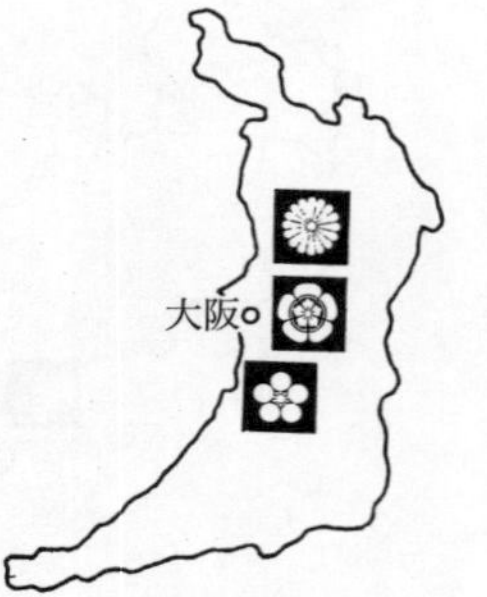

さらに変わっている神紋では、堺市の開口神社の三つ茄子、大阪市天神宮の桐鷹や阿遅速雄神社の向い鷺、堺市の大鳥神社の鳳凰など。京都のお膝もとに近いので菊紋使用の神社も多い。

兵庫県――神紋勢ぞろい

兵庫県は神社の数も多いが神紋の数もまた多い。

丸に二つ引は足利氏の代表の紋で、荒田神社、稲岡神社、大歳神社、賀野神社、九所御霊神社等が使用。直接間接に足利氏とのゆかりによるもの。楠公さんの湊川神社は、楠氏の家紋・菊水。エビスさんで名高い西宮神社はおめでたい三つ柏、そのすぐ近くの広田神社は、子もち四菱、同系の三階菱は佐保神社。和田神社はめずらしい束綿《ゆいわた》。諭鶴羽神社は社名にちなんで鶴丸。泊神社は妙

見信仰から来る九曜紋。出雲系の亀甲紋は英賀神社、阿万亀岡八幡神社、出雲神社など。

お烏さんは熊野新宮神社。駒宇佐八幡は武のシンボル矢違い。志筑神社の粟。稲爪神社は祭神大山祇神をあらわす折敷に三。櫛石窓神社はカタバミ、篠山町の八幡さまは喰合鳩。大歳神社はささりんどう。面沼神社は茗荷、日吉神社の小槌や、小松（岡田神社）、桜、菊、巴、葵、木瓜、桔梗……とバラエティーに富んでいるが、特徴と言えば巴の八幡と岩屋神社、伊弉冉神社等の橘紋が圧倒的に多いことである。

奈良県——藤紋大繁盛

奈良県は「いにしえの奈良の都の八重桜」と歌われた八重桜が県花だが、神紋としてのサクラは少ない。わずかに吉野神宮、波宝神社ぐらいだ。

それにひきかえ、藤紋の神社は多い。石上神宮、石園座多久虫玉神社、往馬坐伊古麻都比古神社、春日大社、談山神社、高鉾神社、夜支布山口神社、薬園八幡神社など。もともと、藤は藤原氏のシンボル。春日大社はその氏神であり、談山神社は藤原鎌足を祀るが、他社も、藤原氏のゆかりによるものが多い。玉置神社の洲浜、葛木二上神社の蟹ぼたん、御杖神社の八つ丁字は、ともに異色の神紋だが他社の多くは桐、菊、巴である。

当県の中で特に珍しい神紋は竜田神社の紅葉だ。三郷町と斑鳩町と二社あるが、ともに紅葉紋。竜田は紅葉の名所として知られている。これによったものだが、社伝には次のようにある。

「崇神天皇が干ばつをうれい竜田川に流れ来た八葉の楓を、当社のご祭神、天御柱神に献上して、雨を乞うた。すると、一天にわかにかき曇り、たちまち旱天に慈雨の徴があった」と。

和歌山県――八咫烏のふるさと

八咫烏《やたがらす》は熊野権現のみ使い。いま『熊野牛王神璽《ごおうしんじ》』をみると、群鴉奉珠の中に神文と称する判読不明の文字が書きつらねてある。また、日本第一とか吉の字が中央にみられる。これからみても、カラスは古来、霊力のある鳥とみられたことがわかる。

この熊野三山の神紋が、カラスであることはまことにふさわしい（もっとも、本紋は、三頭右巴）が、他にカラスを神紋としている神社は案外少ない。しかし、神紋の曰くはみな同じで神武天皇が熊野から大和に攻めのぼったときの『記・紀』にある八咫烏先導の事蹟による。

さらに、この県にある独特な紋を拾うと、日前・国懸神宮の神紋・束ね熨斗《のし》の珍しい紋で全国に類をみない。慶事にことよせての紋であるが、詳しいことは不明。

伊太祈曾神社は丸の中に社号の太、須佐神社は桃。さらに特筆すべきは、藤白神社で、ここは全国二百万におよぶ鈴木氏の発祥地。祭神は鈴木氏の氏神である。神紋は、藤にちなんで藤巴を使用。全国の鈴木さんは一度お詣りされるとよい。

鳥取県——蝶紋勢ぞろい

鳥取県は鳥を取る県ということだが、鳥紋は少ない。わずかに大栄町の八幡さまが向い鳩を用いる程度。ところが、鳥ならず、蝶の神紋になると、軒なみにある。

方見神社、志加奴神社、中山神社、野上荘神社、松上神社、美取神社、三角山神社……こんなに多く蝶が用いられるのは何故かと言うに、蝶を家紋とする鳥取の池田氏がパトロンとして、各社と深く結びついていたからで

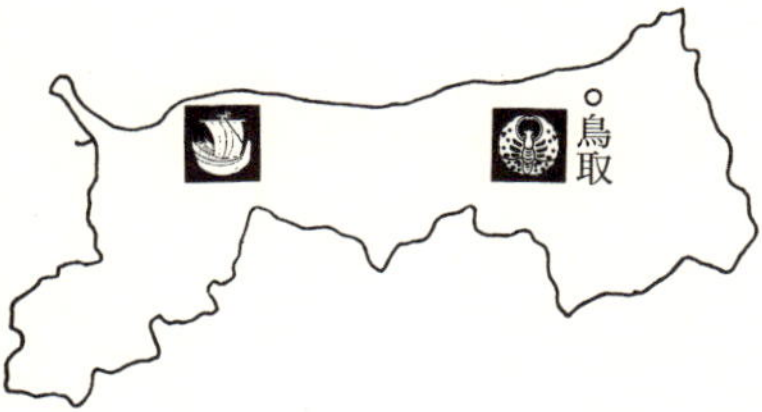

ある。例えば鳥取市の松上神社について言えば、明和四年国守、池田重寛が本殿改築に当っており、志加奴神社について言えば、寛永十年、池田家より社領の寄進をうけておる。こんなぐあいに代々、池田氏は多くの神社に対して、崇敬の念を捧げてきた。

鳥取ではこのほかに賀露神社が桃、長田神社が竹に鯛、加知弥神社が三神座といって三柱の神を■であらわす。有名なところでは、名和神社が帆懸船。祭神・名和長年の遺徳を慕って、その家紋・帆懸船を採用したもの。

島根県——亀甲の天下

出雲はなんといっても大国《だいこく》さまこと大国主の神の地盤だ。出雲大社がその本拠で、社殿の棟木には高々と二重亀甲に剣花菱が輝いている。これこそ「神徳六合にみなぎる形」で、国土経営と子孫繁栄のシルシ。むかしは、中の模様を「有」の字にしていたが、これは二字にわけると十月。すなわち十月は神々の総会を出雲で行なうという意。神魂《かもす》神社が、いまでも亀甲に「有」字を用いているのもそのなごり。

この大社に敬意を表して、他社も多く亀甲の中に、その社の神紋を生かしている。たとえば、松江市の稲荷神社が亀甲の内に宝珠、須佐神社が亀甲の内に蔓柏、平浜八幡が亀甲の内に橘、斐伊神社が亀甲の内に鷹の羽といった次第。

島根県は大国さまの縄ばりだが、この神さまが、天孫族に自己を捧げ、国土を譲って平和を守ったことは、日本最大の美談である。この県に荒ぶる武神八幡さまが多いのも日本有数であるがみな巴紋で、「いざ出雲」という時には、弓箭《ゆみや》をもって大国さまのもとにはせ参ずる用意があるという。

岡山県——桐と鶴と

岡山県はむかしの吉備《きび》国。桃太郎の民話にも吉備だんごがあらわれ、県花にも桃が用いられている。この吉備は、いま美作《みまさか》、備前、備中とわかれ、美作は菅原氏の子孫が栄え、梅鉢が広まっている。

備前は、檜扇紋の浦上氏、藤巴紋の伊賀氏、児字紋、剣かたばみの宇喜多氏がいたが、宇喜多氏は他をほろぼし備前を征覇した。たまたま秀家のとき、豊臣秀吉に目をかけられ、豊臣の姓を賜わり、桐紋を賜わった。

備中は、三階菱の新見氏、三つ引の庄氏、剣かたばみの三村氏、輪宝の三宅氏、亀甲の中島氏が雑居しているが、これらは、神社のスポンサーとなって、神紋に多く採用された。たとえば、旧郷社以上の社格一六一社中、桐紋使用の神社が二〇社、一二・四%以上あることは、

やはり宇喜多氏を通して皇室や秀吉の権威にあやかろうとした面がつよい。

他に八幡神社（新見市）の鳳凰、熊野神社（落合町）、鶴崎神社、八幡神社（津山市）、皷神社の鶴、多自枯鴨神社の鴨、鷺神社の鷺など鳥の神紋もみられる。

広島県——鷹の羽と三頭左巴

毛利輝元が天正十七年（一五八九）、五箇庄に築城、地名を広島と改めてから四〇〇年。その後、毛利氏は関ヶ原の役に敗れて福島氏に交代、さらに福島氏は徳川氏にきらわれ浅野氏にかわる。かわること安芸《あき》の空のごとし——というところ。

しかし、いつみてもアキない美しさは赤い社殿の厳島神社。三つ亀甲が社前の提灯に点《とも》ると、夕なぎの海上にきら

きらと光る。清盛が平家一門を引きつれて参拝する行列が絵巻物のように目にうつる。伊勢内宮外宮は伊勢宮さんとよばれ、神紋に花菱、宇都宮神社も同紋、ともに天照大神を祭る。花菱は、伊勢神宮のシンボル。

饒津神社、白神社、多加意加美神社は鷹の羽、前社は浅野長政を祀り、後の二社も浅野氏との関係による。

めずらしいところでは、蘇羅比古神社の柊、亀山神社の日月、速谷神社の八足、熊野神社の丸に比。八足紋とは八方に放射する光線のことで、日足《ひあし》紋の一種。この神社は三つ亀甲も使用している。

三頭左巴が当県に比較的多いのは、早川氏の家紋に関係するところが多い。

山口県——八幡社日本一

そこにもここにも八幡さま——というのが山口県。旧社格郷社以上の神社総数一四四社のうち、八幡さまは七五社で五二パーセント以上。まさに八幡さまの天下。この八幡さまは、大体が巴紋で、他は木瓜、桐、橘、柏を用いるものが数社ある。

祭神は、応神天皇と、その母・神功皇后だが、新羅征討に活躍されたこれらの神々は、国土鎮護の神として、永く辺境の人々に信仰されたのであろう。

さらに二所山田神社、徳佐八幡宮、二俣神社、豊功神社、野田神社、豊栄神社、志都岐山神社などは「一文字に三つ星」であるが、これは当地最大のパトロン毛利氏との関係から来ている。

それ以前、周防、長門は戦国のはじめ大内氏が統一し、山口に住したが、その家紋唐花菱（即ち大内菱）もまた六所神社、降松神社、築山神社等で採用している。

玉祖神社はその社号をとって曲玉。近世では乃木神社が、その家紋から四つ目を神紋としている。

また、赤間神宮は源平壇ノ浦の合戦に敗れ、八歳で西海に没された安徳天皇の霊を祀った神社で、神紋は皇室のシンボル十六の菊紋。

徳島県――粟と麻の紋どころ

阿波踊りで有名な阿波国は、遠い昔、忌部氏が吉野川流域にアワを栽培したことにはじまる。その祖・天日鷲命を祀った神社が忌部神社で、神紋は梶の葉。しかし、アワそのものをシンボライズしている阿波井神社は、祭神が大宜都比売神《おおげつひめのかみ》で、神紋は丸に卍。この神さまは、イザナギ・イザナミの子で、兄弟スサノオノミコトに殺されると、目から稲を生じ、耳から粟を生じ、陰《ほと》から麦を生じ、尻から大豆を生じた。徹頭徹尾食物の神さまだ。卍の紋も、生産に大事な日光を意味する。一宮神社の祭

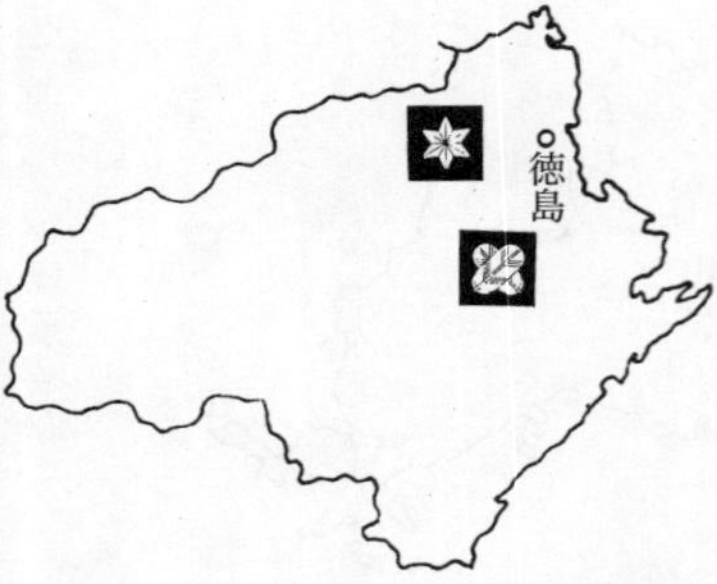

神もやはりオオゲツヒメで、神紋は稲である。

また、衣料を承る神さまに大麻比古大神があって、こちらは大麻比古神社に祭られ、神紋は麻の葉。友内神社も忌部氏の氏神で同じく麻の葉。阿波の守護小笠原氏や管領細川氏の崇敬社でもある。のち、長曾我部や蜂須賀の支配をうけて江戸時代に入るが、卍は蜂須賀氏も家紋に採用。阿波井神社の氏子だからである。

当国にも八幡社が多いが、巴のほかに武威をあらわす鷹の羽や矢紋も用いている。

香川県——早《さ》麦《むぎ》の国は字紋

徳島県のアワの国に対して、こちら香川県はサ麦《むぎ》の国（サは接頭語、ヌキはムギが訛った）。穀物に因んだ名称であることは同じ。昔は、乾燥地帯だから稲の栽培には不適当で、ムギが中心だった（弘法大師等の先達によって池が多く掘られ、田が出来るようになったのは後世のこと）。

善通寺の木熊野《きぐまの》神社の紋は烏だが、これは熊野本宮から、カラスが稲穂をついばんで、当地に移植した故事による。お隣、観音寺の粟井神社の紋は鎌だが、これは阿波国より忌部氏が迎えたもの。

社号に因んだ神社も多い。山田神社の丸に山田、城山神社の丸に城、琴弾八幡の丸に琴、水主神社の丸に社、天川神社の丸に天、大宮神社の丸に三つ大、そして、名高いコンピラさまは丸に金。

この金平さまこと金刀比羅宮《ことひらぐう》は、金もうけに縁があるばかりでなく、保元の乱にこの地に遷された崇徳天皇もお祭りされている。崩御の地、坂出にも白峰宮が祭られ、天皇さんと呼ばれるのはこのためだ。神紋は十六菊花。

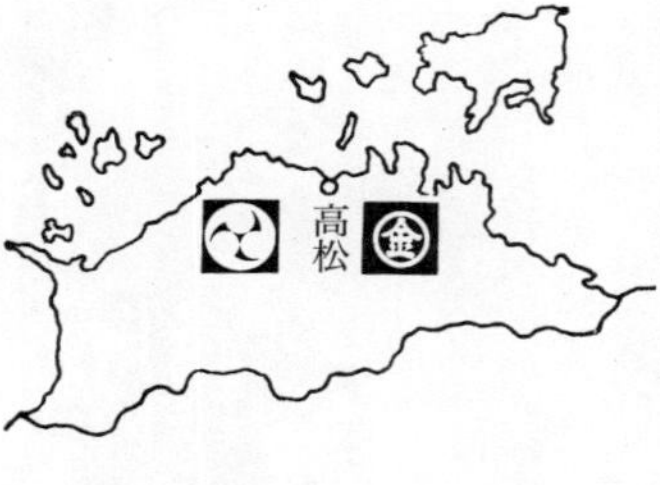

愛媛県――折敷《おしき》に三文字

伊予はなんといっても大三島にある三島神社で代表される。当社の祭神は大山祇神《おおやまつみ》で、日本の総鎮守の称さえある。ここの神紋が有名な「折敷に三文字」。折敷は神具三方を上からみた形、三文字は三島大明神こと大山祇神のシンボライズ。

当県にある旧社格郷社以上の神社一一九社について調べてみると、大山祇系の神社は三二社、うち二七が折敷に三文字を用いている勘定になる。正に三島大明神の天下である。

この氏子である伊予水軍の頭目、河野氏、久留島氏、越智氏、一柳氏、稲葉氏等もこれを用いる。

珍しい蛇の目紋は、伊予岡八幡宮、伊曾野神社、広瀬神社、住吉神社等で用いているが、これは大洲《おおず》藩公加藤

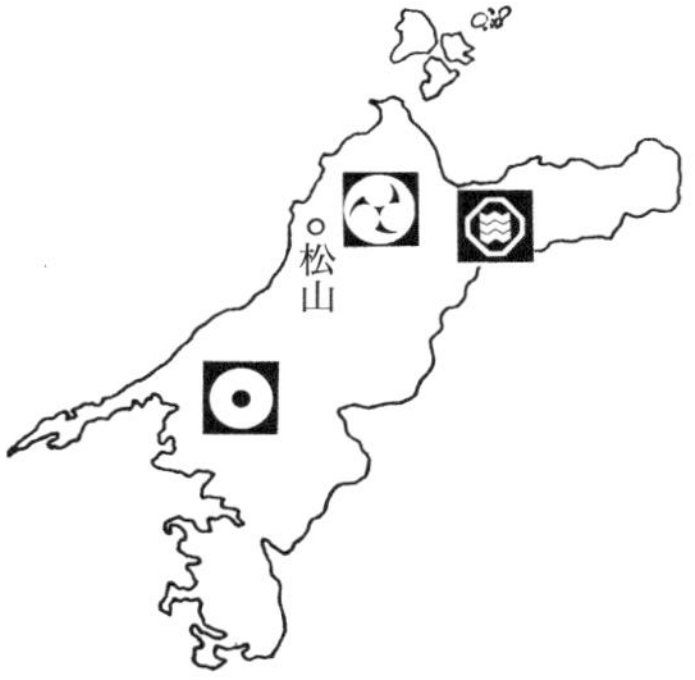

氏の祈願所として、その家紋を採用したもの。

他社の多くは巴紋で、八幡宮で用いているが、その他の神社でも、スポンサーの宇都宮氏と、西園寺家の支流が移住した関係で巴紋が多く用いられている。

高知県——土佐柏のふるさと

土佐の高知は、昔は遠流《おんる》の地。但し、「女が書く」かな日記を紀貫之が書いてから、にわかに土佐の名が知られる。文明年間(一四六九—八六)に一条氏が京都から下って国主となったが、一條神社はその氏神。一条兼良、教房以下土佐一条氏の祖を祀る。神紋は家紋と同じ一条下り藤。

山内神社も山内豊信公を祀り、山内氏の家紋・土佐柏。他に熊野神社、鳴無神社、河内五所神社等も柏。

高知の社号をもつ神社が二社あるが、一は高知大神宮、天照皇大神宮を祀り、神紋は花菱。他の一社は宿毛《すくも》市にあり高知坐神社と称する。事代主神、スサノオノ命、大国主命を祀り、神紋は丸に高。高知はもと高智、二代藩主山内忠義（初代藩主一豊の甥）が命名。旧地名は大高坂山だが、どちらも語呂はヨクナイ。

ところで大高坂山の隣にある小高坂山には薫的《くんてき》神社がある。薫的とは、めずらしい名称だが、実は坊さんの名まえ。山内忠義公の戒名問題で冤罪をうけ牢死した。のち山内家でねんごろに奉斎。徳高き聖僧であったという。神紋は揚羽蝶。

福岡県——珍紋ぞろいの県

当県は、古く大宰府庁が置かれ、大陸との軍事外交文化の表玄関として栄えた。が、その太宰府もいまは天神さまの流罪の地として有名。神紋は言わずもがなの梅鉢。新羅征討途中にして崩御された仲哀天皇の霊地には、香椎宮が建てられ、皇后および御子応神天皇もともに祭る。神紋は三つ巴。全国九千余の宗像分社の総本社・宗像神社の紋は梶の葉。

しかし、なんといっても多彩な神紋の集まっているのはこの県。まず、浅木神社の白鳥は祭神・日本武尊を、馬見《うまみ》神社の鉾は祭神・伊邪那岐《イザナギ》命をそれぞれあらわす。いずれも『古事記』の故事に由来する。水天宮の椿は、安徳帝の宝剣を包む錦袋の椿文様から採用（社伝）。津江神社は八つ剣輪、高倉神社は綾杉、白山神社は抱き柊、鳥野神社は稲の輪に双鳥、直方市、穎田町にある多賀神社は、二つ鶺鴒《せきれい》。『日本書紀』に「イザナギ、イザナミ二柱、国産みせんとして合交の術を知らず、二羽の鶺鴒飛来してこれを教う」による。鷲尾愛宕神社は「猪《い》の牙《ね》」、これは二つ巴の変形である。

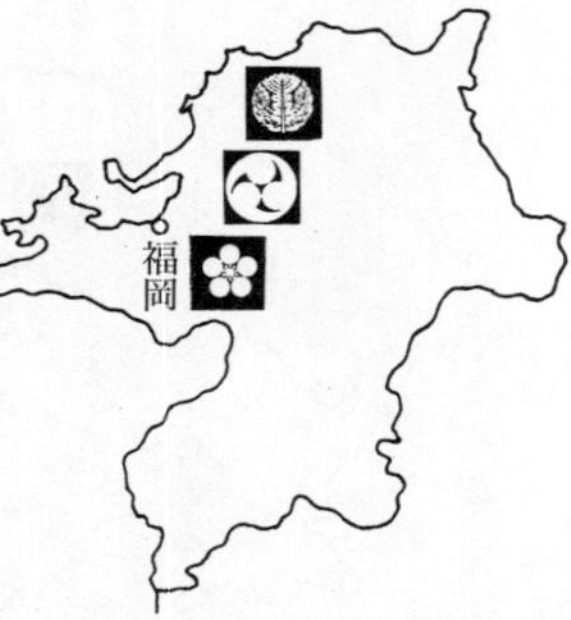

佐賀県——杏葉紋《ぎょうよう》オンパレード

佐賀県は、玄界灘をこえて、製茶、製陶の大陸文化がはやくから伝来された。かと思うと、文永・弘安両役に元軍の来襲をうけたり、和寇や秀吉の朝鮮出兵の根拠地となったりした。こんなところに葉隠れ武士の性根《しょうね》がうまれたのかもしれない。戦国時代は竜造寺の勢力範囲となったが、天文年中大友氏に戦勝し、記念に在来使用の家紋である剣花菱を大友氏の家紋・杏葉紋にかえている。さらに、鍋島氏は竜造寺のあとをついで、杏葉紋を使用。これでみると、当時杏葉は九州武将のあこがれの紋だったことがわかる。

　佐賀県の神社に杏葉紋が多いのは、このスポンサーやパトロンの影響による。今立神社では抱茗荷、堀江神社

では行檜、天山神社、岡山神社、日吉神社では抱茗荷となっており、ことに佐嘉神社では鍋島行用の文字をあてているが、みな杏葉紋のこと。「天草に出たは利口な茗荷の子」と川柳にもあり、鍋島氏を指しているが杏葉のマチガイ。

妻山神社や高野神社、松原神社では日足紋といって太陽に光線付の紋章（旧海軍の軍艦旗の原形）になっているが、これも竜造寺、草野氏、鍋島氏との縁《ゆかり》による。

長崎県——十字紋（クルス紋）のない県

肥前国の一部である長崎県は本土より壱岐・対馬のほうが早く開けた。ここは防人《さきもり》や遣唐使の船出通路にもあたる。壱岐・対馬合わせて式内社は五三社。本土には、平戸に志々伎神社一社しかないことからみても、古代における壱岐・対馬が、どういう意味をもっていたかがわかる。

平安の末には、本土の開発もすすみ、松浦党が県北に勢力を扶殖した。一党は嵯峨源氏の裔で、家紋は三つ星。氏神社は亀岡神社である。さらに三柱神社、比売神社、淀神社、神島神社の各神社とも神紋に三つ星を使用しているが、同党の崇敬社だからである。

壱岐の住吉神社は、海洋守護の大神で神紋は三つ巴と菊。佐世保の亀山八幡宮も巴。

長崎の諏訪神社は、慶長年間耶蘇教徒に社殿を破壊されたが、正保四年には再建。神紋は梶の葉。

熊本県——鷹の羽の本拠

熊本県は、むかし火の国といった。名の起こりは阿蘇

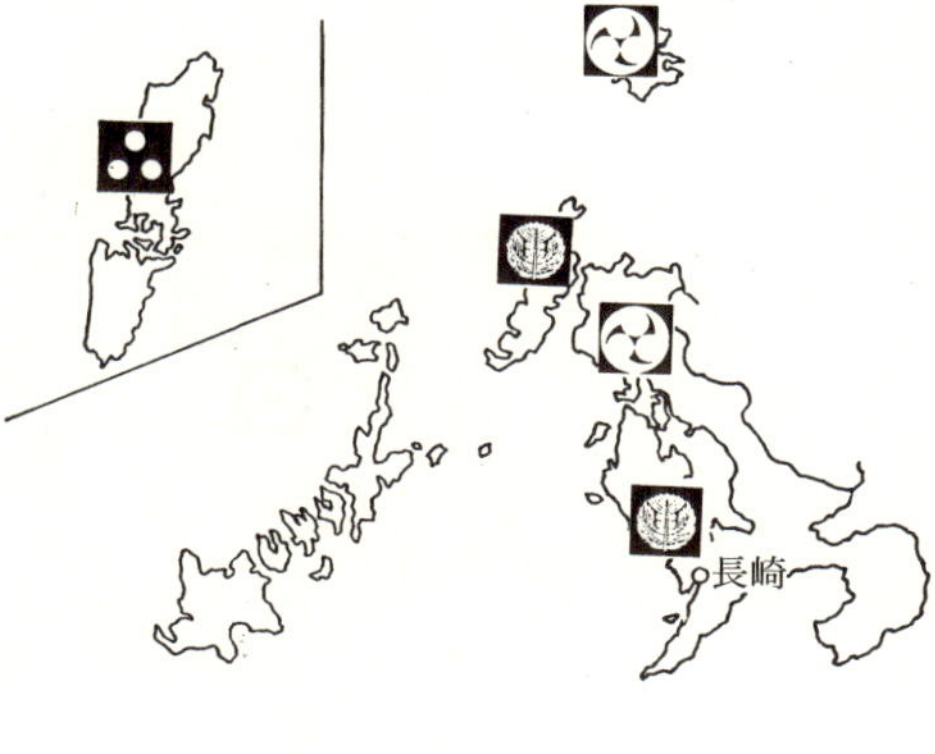

山の噴火による。はじめこの地を治められた神は、建磐《たけいわ》竜神《たつのかみ》。神武天皇の御孫にあたる。阿蘇津姫を娶り、阿蘇に住まわれたので、阿蘇津彦とも言われた。これが阿蘇神社の祭神である。神紋は鷹の羽。神官阿蘇氏はその後裔で、家紋に同じく鷹の羽を使用。吉野朝を中心に前後五百年間、九州勤王の魁として王事に仕えた菊池一族もその氏子。菊池神社がその発祥地である。やがて、アソ族が広まるにつれて鷹の羽紋も国中にひろまった。

いま試みに、熊本県で旧社格郷社以上の社数七四社のうち、鷹の羽紋使用の神社を数えてみると三〇社ある。割合は四〇パーセント強にあり、正に鷹の羽の天下と言えよう。

豊臣氏の時代には、佐々成政、加藤清正、小西行長らが統治したが、江戸時代は細川五四万石の治下となった。加藤清正を祀る加藤神社が蛇の目と桔梗なのは加藤氏の家紋による。出水神社、住吉神社、日吉神社、代継宮、西岡神社などの九曜は細川氏との縁。

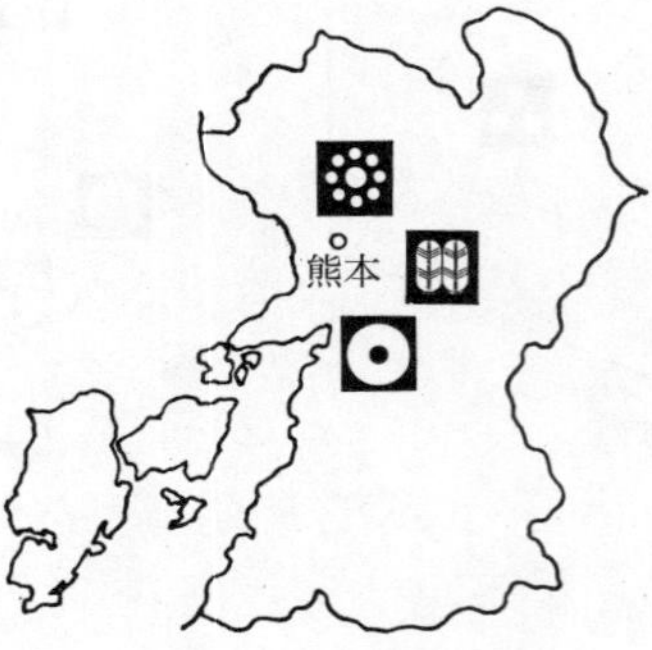

大分県――宇佐八幡の鎮座地

大分は豊前、豊後と大きく分《きざ》む、大キザから大キタに訛り、大イタになったという。

この大分には全国八幡の総本宮・宇佐八幡が鎮座。和気清麿が道鏡不逞の志を神託によって破ったことは、あまりにも有名である。神紋・三頭右巴。従って当県には、旧社格郷社以上の八幡宮が大小あわせて六〇社以上もある。みな巴だ。

三所神社、白髭神社、安心院町の若宮社等は軍配団扇を用いているが、これらはみなパトロンである中津藩主奥平氏の家紋から来ている。

豊前は宇都宮氏の地盤で巴紋を家紋にしているが、豊後は大友氏の本拠で杏葉を使用。これらの土豪の影響も

また神紋に及んでいることも事実。

たとえば、若宮八幡（大分市）、八津島神社の杏葉がそれ。前者は建久七年に大友能直が鶴岡八幡宮の御神霊を迎え鎮守氏神としたことにはじまり、後者は大友宗麟の崇敬所がある。

めずらしい紋では椎根津彦神社の上り亀、これは神武天皇東征の途次、椎根津彦が速吸門《はやすいのと》から大亀に乗って案内したことによる。

宮崎県――菊薫るところ

「黒潮岸にあたたかく、南の風のさわやかに」と、県民歌にあるごとく、日向国、宮崎県は、日南海岸をあらう黒潮によって育てられた皇祖発祥の地。いたるところ、神話や伝説・遺跡が多い。

まず、宮崎神宮は古史の所謂、高千穂宮の霊地で神武天皇を祀り、鵜戸神宮は海岸絶壁の岩窟内に鸕鷀草葺不合《うがやふきあえずの》尊《みこと》を祀る。ともに壮厳無比な神社で神紋は菊。ほかに古式をつたえる神社はきわめて多い。さらに、

霧島岑神社（小林市）　神紋　十二弁菊
霧島東神社（高原町）　神紋　大法輪
東霧島神社（高崎町）　神紋　橘

で、それぞれ、独自の歴史をもつことは、神紋が違っていることでわかるが、今は霧島神宮の摂社である。

下って、戦国のころ、日向は伊東氏の勢力範囲であったため、その家紋月星又は庵木瓜に影響される点がみられる。たとえば、吾平津神社、加江田神社では庵木瓜を用い、神門神社、榎原神社では九曜を用いている。

また、丸に十字が目立つのは島津氏との関係による。

鹿児島県――丸に十の字

薩摩特産の芋《いも》だから、サツマイモという。しかし、薩摩の人はカライモとよんでいる。中国（唐《から》）から伝来したからであろう。

さて、その薩摩とお隣りの大隅を合わせると、いまの鹿児島県。昔は、熊襲、隼人の地とよばれ、宮崎県とあわせて、日向と総称された。ここは高千穂峰、神代三山陵（可愛《えの》・高屋・吾平《あいら》）などの古代神話の伝説地である。それらの神々をまつる霧島神宮、鹿児島神宮、新田神社はみな菊花紋。

文治三年（一一八七）、源頼朝が天下の権を握ると、島津忠久をこの地に下し、守護職に任じた。この島津氏の家紋が有名な丸に十字。忠久は鶴嶺神社に、斉彬《なりあきら》は照国神社に、貴久《たかひさ》は松原神社に、歳久は平松神社に祀られているが、神紋はみな丸十。ところが祭神は島津一族で

なくとも、稲荷神社、白羽《しらは》火雷《ほのいかづち》神社のように丸十を用いるのは、やはりパトロンとしての島津氏の勢力をもの語る。一方桐紋も多い。大穴持神社、谷山神社、益救《やく》神社をはじめ、出水市の諏訪神社さえも梶を用いずに桐を用いているのは、その権威にあやかったものである。

沖縄県――神座をあらわす琉球巴

沖縄は、ほとんど巴紋でおおわれている。これには有名な伝説がある。

ある年、とつぜんその村に大津波がやってきた。留守を守っていた漁夫の妻は乳飲児《ちのみご》を抱いて山に逃げようとした。しかし、女には年老いた母がいる。彼女は、どうしたらよいかまよったが、愛児を箱に入れたまま、母を負って山に避難をしたのである。津波は去った。彼女はす

ぐさま家にもどると、箱は消えていたが、わが子の泣きごえに、目をむけると、近くの岩に箱は乗りあげられ、児はそのまま無事の姿であった。

これは久米島に伝わる有名な話であるが、この話の根底にあるものこそ、やさしい沖縄人と、それを守る沖縄の心なのである。巴紋は、渦巻にまかれ、岩上に乗り上げられた神の座をあらわす。守礼の国・沖縄に巴紋が多いのは、そうした理由による。那覇市の波上宮、沖縄神社、宜野湾市の普天間宮をはじめ、多くの神社で用いられているばかりでなく、尚氏の家紋にもなり、さらに美術工芸品にも巴紋が多用されているのは、即ち、神霊の宿りなのである。

神紋都道府県別分類一覧表（旧社格郷社以上）

鷹の羽	亀甲	藤	桜	木瓜・窠	菱	葵	梅	菊	桐	巴	調査神社総数	都道府県
	2		4		11○	1		10○	6	30○	72	北海道
					2	1		1	2	12	34	青森
				2			1	4	2	9	29	岩手
			2	2	1	1		3	3	9	33	宮城
	1		1	1	2	1	1	1	2	8	36	秋田
		1			2	1	3	3	6	34○	73	山形
4						3	2	4	2	18	57	福島
			1			4		4		23●	38	茨城
		3	1	1		2	3	3	2	34●	52	栃木
		1	1	1		6	3	4	2	30●	57	群馬
	1	1	2	1		3	2	1	3	15	37	埼玉
		3		2		3	4	4	11	23○	63	千葉
1				1	1	5	3	4	1	38●	67	東京
		2	2	1				4		21●	39	神奈川
1	1	4	1		2	2	1	3	4	12	43	新潟
2		1	4		1	1	7	3	3	10	42	富山
	2	6	9		3	3	11○	6	10	12	80	石川
		2	3	4		11○	2	2	8	9	62	福井
2			10○		13○	1	3	2	5	9	60	山梨
1			1	1	4		1	4	2	15	60	長野
4		5	4	6	3	6	3	12○	18○	25	121	岐阜
1	1	3	7○		1	8	2	8	15○	38○	118	静岡
1	2	5	3	14○	4	16○	4	14○	43○	26	172	愛知
		4	3	3	2	2	4	4	6	20	58	三重
	1	7○	2	2	1	5	10○	6	4	40○	113	滋賀
	1	5	3	2	3	5	5	6	8	14	74	京都
		4	5	12	3		6	12○	2	19	78	大阪
	4	3	6	12	5	9	14○	13○	16○	79○	220	兵庫
		7○	3		1	2	3	5	4	9	47	奈良
		1	1		1	1	1	1		15●	25	和歌山
1	7○				1	4		2	7	5	55	鳥取
3	39○	3			5	5		2	8	33○	127	島根
3	4	3	4	6	3	3		7	20○	36○	119	岡山
3	2		2	4	1	2		1	1	13	34	広島
	4	1	1	4	6	1	3	3	3	45○	96	山口
4		2		1	1	2	4	1	2	14	49	徳島
		2	1	1		2	2	3	2	47●	74	香川
	3	2	2	3		2	6	5	4	39○	119	愛媛
2	1	1	2	1	1	2	6	3	5	22	69	高知
6	2	3	3	6	16○		8	7	4	43○	132	福岡
1		3	1	2	1		1			8	45	佐賀
		2	1	1	3	1	1	5	2	7	36	長崎
30○		2	1	1	3		1	4	3	7	74	熊本
5	1	5	2	1	3	3	5	4	7	47○	109	大分
1		2	1	2	1		2	7	3	8	38	宮崎
1				1	1		1	10○	7	12	45	鹿児島
	1		1							2	4	沖縄
77	80	99	101	102	112	130	139	215	268	1044	3285	計
2.3	2.4	3.0	3.1	3.1	3.4	4.0	4.2	6.5	8.2	31.8		%

●印は五割以上
○印は比較的多い神社数を表わす

地紙・扇・団扇	竹・笹・竹に雀	稲	鶴	引両	竜胆(笹)	隅切角に三	梶	星・曜	柏	橘	字紋	都道府県
		2			1						3	北海道
			5○					1				青森
			5○		2			2			1	岩手
		1		3	3			1		1		宮城
7○				1	1		1	1	1	1	1	秋田
	3		1		3		2		4		1	山形
		1		2	2		4	8○	3			福島
1												茨城
											1	栃木
					2				1	1	3	群馬
		1	1					1			1	埼玉
	1			1			3	4		1		千葉
		2		1				1	1		1	東京
			2	2			1					神奈川
	1					1	3		2		1	新潟
					1				2			富山
		1						1	2		1	石川
	1	1		2				3		1	1	福井
1		1		1	1		6		1		1	山梨
	1	1		1	1		20○	1	1			長野
				1	6○		1	4	3	6	1	岐阜
		5○		1	1	2	2	2	3		1	静岡
	11○	1			1		2		2	7	3	愛知
		1			3		1		2	1		三重
	1	1		1						5		滋賀
	1			1				1		6	3	京都
1					1		1	1	2	2		大阪
		1	1	7	3	1		3	5	14○	4	兵庫
		1							1	4		奈良
									1		1	和歌山
	1								3		3	鳥取
1		1	2	1	1		2		5	1	3	島根
1			4	3	1		1	1	1	1	3	岡山
								1	1			広島
				1				3	1	4		山口
		1				1	1		1	1	2	徳島
			1								7○	香川
	1	1		1		32○		1		1	2	愛媛
1					1	2	1		4	2	6	高知
	1	1	2		3		2	2	1		1	福岡
3							1	1	1	1		佐賀
							2	4	1	1	1	長崎
			3	1				9○	1	1		熊本
5			1			2			6		2	大分
								2		3	4	宮崎
				1	1						8○	鹿児島
												沖縄
21	23	25	28	33	39	41	57	59	63	66	71	計
			0.9	1.0	1.2	1.2	1.8	1.8	1.9	2.0	2.2	%

輪	輪宝	杏葉	牡丹	茗荷	車	剣・槍・鉾	鳩	玉	かたばみ	弓・矢	目結	都道府県
												北海道
			7○					1	1			青森
								1				岩手
							1					宮城
					2							秋田
						1	2		2		1	山形
						2						福島
												茨城
											1	栃木
									1			群馬
							1					埼玉
												千葉
									2			東京
	1				1						1	神奈川
					1							新潟
	2					1		1		1		富山
					2			1				石川
	3		1		1		1	1	1			福井
1						1						山梨
												長野
							3	4		1		岐阜
2	2								1	2		静岡
	1			1		1	3					愛知
										1		三重
	1		1	1			1	1			7○	滋賀
			2	1						1		京都
						1						大阪
2				3			2		2	1		兵庫
			1					1				奈良
						1						和歌山
						3	1	1	2	2	1	鳥取
2					1	1	1			1	3	島根
		1			2				1	3		岡山
											1	広島
2					1	2		2	1		1	山口
						2				3		徳島
									2		1	香川
					2			1		1	1	愛媛
1												高知
				1	1				1			福岡
		11○		5○								佐賀
								1			2	長崎
1										1		熊本
				2					1	2		大分
	1											宮崎
								1				鹿児島
												沖縄
11	11	12	12	14	14	16	16	17	18	20	20	計
												%

万字	桔梗	杉	蛇の目	州浜	鎌	祇園守	鏡	蝶	沢瀉	鳥	棕梠・天狗の羽団扇	都道府県
				1			1					北海道
1												青森
												岩手
												宮城
							1					秋田
												山形
										1		福島
											4	茨城
						1						栃木
1												群馬
										1		埼玉
	1						1					千葉
						1						東京
												神奈川
												新潟
							1					富山
			1	2	1							石川
	1	1							1			福井
											1	山梨
					1							長野
		1										岐阜
							2				5○	静岡
		1				1						愛知
												三重
		1		1	1		1	1	1			滋賀
		1			1					1		京都
									1			大阪
	2				1				2	1		兵庫
				1			1					奈良
												和歌山
								6○				鳥取
								2				島根
1												岡山
												広島
		1										山口
1					1							徳島
					1					1		香川
			4○				1			1		愛媛
									1	1		高知
1		1		1		5○			1	2		福岡
	1											佐賀
												長崎
	1		1		1				2			熊本
				1								大分
			1									宮崎
												鹿児島
												沖縄
5	6	7	7	7	8	8	9	9	9	9	10	計
												%

雲	鳳凰	ひさご	釘抜	浪	紅葉	一に三つ星	日章・日足	松	うろこ	鷺	蔦	麻	都道府県
													北海道
													青森
													岩手
				1								1	宮城
													秋田
													山形
													福島
													茨城
													栃木
													群馬
2													埼玉
											1		千葉
										1			東京
									1				神奈川
			1					1					新潟
		1											富山
									4○			1	石川
											1		福井
													山梨
													長野
		1											岐阜
					2								静岡
				1			1					1	愛知
											1		三重
	1	1		1						1			滋賀
								1					京都
	1									2			大阪
								1					兵庫
					2								奈良
													和歌山
											1		鳥取
						1							島根
	1									1			岡山
							1						広島
						4○					1		山口
												2	徳島
													香川
			1										愛媛
													高知
								1					福岡
							2	1					佐賀
							1						長崎
													熊本
			1										大分
													宮崎
													鹿児島
													沖縄
2	3	3	3	3	4	5	5	5	5	5	5	5	計
													%

都道府県	銀杏	鶺鴒	六文銭	雁	山吹	桃	角鹿・鹿	柊	白鳥	その他
北海道										
青森										
岩手										
宮城										
秋田										1
山形										3
福島										1
茨城	1									
栃木										
群馬										
埼玉										
千葉										
東京										3
神奈川										
新潟										1
富山										
石川										1
福井										
山梨										
長野			1							3
岐阜										3
静岡										1
愛知										2
三重										
滋賀				2						3
京都					1					1
大阪										2
兵庫										3
奈良										1
和歌山						1				
鳥取						1				3
島根										
岡山	1						1			2
広島								1		
山口									1	
徳島										2
香川										
愛媛			1		1					
高知										3
福岡		2						1	1	2
佐賀										1
長崎										
熊本										
大分							1			2
宮崎										
鹿児島										1
沖縄										
計	2	2	2	2	2	2	2	2	2	45
%										

神前

神紋奏上

さて、一、二、三の鳥居をくぐり、いま神前にぬかずくことはよろこびにたえない。ささやかな調査ではあるが、この結果を一応まとめて神々のまえにご報告しなければならない。

左にこれを奏上する。

一、巴紋は神のシンボルである。

巴紋は神霊をあらわす。神社共通のシルシとして全国にひろまっている。単独でも用い、他の神紋と併用する。その基本形は右三つ巴（ふつう左三つ巴と俗称している）である。

二、神紋は権威の影響をうける。

菊、桐紋は本来皇室のご紋章である。神社で多くこれを用いるのは、皇室の権威の影響による。神紋としての葵紋と徳川氏の関係も同様である。

三、神紋は家紋に影響を及ぼす。

「折敷に三文字」は三島大明神（大山祇神社）の神紋である。伊予の豪族久留島、越智、河野、一柳氏などがこの紋を用いるのは、三島大明神の影響をうけたものである。こうして神紋と家紋とは互に交流する。

四、神紋の基本形は約二〇〇個である。

別表の「神紋都道府県別分類一覧表」の数は七〇種類であるが、旧村社、無格社まで算入すると日本における神紋の基本的種類の数は約二〇〇と推計する。

五、神紋の中でもっとも数の多いのは稲紋である。

稲紋は稲荷神社の神紋であるが、稲荷社の数が日本に於て最大多数を占めることによって、稲紋の数も最大多数となる。これは、稲作が日本に於ける最重要事であったことを端的に物語る。

六、神紋には地域分布が見られる。

神紋には、長野県の梶、青森県、岩手県の鶴、佐賀県の杏葉のごとく、特定地域に特定神紋が多くみられる（「神紋都道府県別分類一覧表」参照）。これは、多く地方の権力者や、権威ある神社の紋の影響をとくに多くうけたものである。

七、神紋発生の時期は、平安後期とおもわれる。

この頃は同時に家紋の発生がみられたが、これは、生活と信仰とが紋を媒介として結びついていたことを現わす。

八、神紋制定の理由はさまざまである。

神紋は祭神の家紋、神官、領主等の家紋、信者の家紋などから起こったり、社名、神号、祭神名から採ったり、祭神や鎮座地のゆかりから選んだり、社伝、故事などから発祥したり、その起こりは一様ではない。

九、伊勢神宮には神紋はない。

伊勢神宮の飾り模様のおもなものは花菱であるが、花菱は神紋ではない。また菊も神紋として用いていない。これは、神社古来のしきたりを踏襲していることを物語る。

報告は以上で終わるが、別表・「神紋都道府県別分類一覧表」をごらん頂くと、いろいろなことが汲みとれる。梅紋が巴、桐、菊についで、第四位の数をほこっていることも、それぞれの梅の項目を読んで頂ければわかることである。

最後に、この小著を郷里栃木県佐野市の朝日森天満宮ならびに唐沢山神社の両社に捧げる。

朝日森天満宮は父祖代々氏子総代として奉仕してきた神社である。わたしも、少年のころ神社の境内でよく遊んだ。高い銀杏の木があってギンナンを竿で落し、からだ中がはれあがったことがある。翌日、母がみみずに水をかけているので不思議に思った。父は祭日に梅鉢形の打菓子を神社から頂いてくる。それをだいじに食べるのがわたくしの楽しみでもあった。

この神社は江戸時代に近くの小高い唐沢山という丘から町の中に遷座した。この丘はかつて藤原秀郷の居所で八代の孫家綱が邸内社として北野天神から分霊を勧請したものである。この城址に、いま唐沢山神社が建てられ、秀郷公の遺徳を忍ぶことができる。

さて、徳川期になって、江戸に大火があった。この小高い丘から、江戸の大火事が一目で見えたので、城主佐野信吉はただちに江戸に馳せ参じた。すると、「江戸が一目で見渡せるとは危険じゃ」と家康によって廃城を命じられたとの伝がある。邸内社・天満宮もそのとき丘を下り、佐野庄の鎮守となったのである。

それ故、この二神はわたしにとって産土神《うぶすなのかみ》で、小著『神紋』を捧げるにもっともふさわしい神と信じている。

神なびの　唐沢山《からさわやま》に天降《あも》りする
　神のみ前に　神の紋告《の》る

あとがき

昨、昭和四十八年、六〇回目の伊勢神宮遷座式が行なわれた。古式ゆたかなこの遷宮はいまから約一三〇〇年もまえから連綿と続いてきたのである。

ところで、一方境内までも民家に追いつめられ、アパートやガレージにかくれてしまった神社さえもある。神社に対する考え方もいまは大きな曲り角にきたのではないだろうか。

神社――それは一体、われわれにとって何であろうか。早晩、われわれはこの問題と対決しなければならない。

神社に御印《みしるし》として長く用いられてきた神紋も、多くはわれわれの関心の外に置かれてきた。民俗学の対象にもなっていない。

はなはだ遺憾であるが、中で読者の参考にいくつかのレポートを挙げてみよう――。

明治三十三年（一九〇〇）発行の『古事類苑』には、『安斎随筆』『遠碧軒記』ほか数家の説が載っている。しかし、それは単に神紋にふれているという程度で、とくにどうというほどではない。大正十三年（一九二四）発行の『定紋の研究』では著者の福井万次郎氏が一項目をあげ、神社紋について述べている。それを見ると五十数社の紋の簡単な記述があるが、一応神紋研究の原形のようなものがみられる。ついで、昭和十五年（一九四〇）、沼田頼輔氏が『紋章の研究』で神紋の解説を十数頁にわたって試みた。さらに同氏は、旧官国幣社神紋一覧表に四十数個の神紋を載せ、説明を加えている。これなどは、前著『定紋の研究』を一歩すすめたものと言えよう。

各神社の由来記なるものがある。その中に神社紋の「伝」なるものもみられる。しかし荒唐無稽なものも多く、にわかに信じられない。さらに神官のレポートも昔からあるが、いかにせん学問的対象として採りあげるほどには至っていない。

本書は学的立場も十分考慮しつつ、神紋の調査について総括的に扱った。さらに一般の読者を考えて、平易、簡潔、興味を旨として編んだつもりである。大衆に愛好されることによって、神紋の生命も長く保つことが出来るからである。いまの若い人が、神社の境内でデートしたとき、ふと屋根瓦を見て、「ああ、あれはトモエ紋だ」ということをわかってもらえたら、それもいい——と思っている。

柳田国男先生や折口信夫先生が生きておられたら、もう少しご指導頂けたのではないかと思う。が、いまはせんないことである。このへんで一応打切り、折があったら補足したい。

＊

神紋を調べていると、いろいろなことがわかってきた。いまその一つを記すと——

徳島県海南町に轟《とどろき》神社という旧村社がある。祭神は水の神だが、山中いたるところに大小の滝があって、その瀑音が天地に轟く。もし、不用意に滝つぼに異物でも投げたら大へんだ。たちまち白蛇と化した水神の怒りにふれ全村水びたしになるという。飛瀑の音から轟神社の名が生まれたが、この神社では秘紋として「鰈《かれい》紋」を用いている。

鰈とはめずらしい。理由を問うと滝つぼにいつの頃からか海魚のカレイが住みついたというのだ。藩主の蜂須賀公が放魚して殖えたとの説もあるが、はっきりしたことはわからぬ。いまは、それらの滝に「王余魚《かれい》滝」という名がついているが、神紋のカレイ紋はそこからきている。ふつう「丸に轟の字」を神紋とし、さらに藩主、蜂須賀公の家紋卍《まんじ》も併用している。が、重要な神事には、このカレイ紋が登場する。

カレイ紋は、全国の神社中、当社ただ一社だが、じつは、カレイ紋が珍しいばかりでなく神紋には魚がない。鳥取市の長田神社は鯛紋だが、これは最近の新作だ。それを除けば当社のカレイ紋がただ一つだけ。

どうして神紋に魚が少ないのか理由がよくわからない。水に縁のふかいわが国では、魚にまつわる民俗や信仰は多い。栃木県佐野市の星宮神社では鰻が神使である。こんな神社は多いが、にも拘らず魚に神紋がないのだ。家紋にも魚は少ない。エビ、カニ、亀や貝などはあるが魚はやはり少ない。江戸の歌舞伎役者・市川団十郎が、かつて替紋に鯉を用いていたくらいだ。

日本人が、たくさん紋章をつくり、生活の中に採り入れながら、魚だけ敬遠したのはなにかわけがあったに違いない。こんなところにも日本人の側面を見出すことが出来るかもしれない。

*

本書の発刊については、恩師樋口清之博士と秋田書店に並々ならぬご配慮にあずかった。「家紋」「姓氏」「家系」につぐ四巻目のシリーズであるが、これはわたくしの心のふるさと巡り「日本遍歴」とも言えよう。

この企画が進められると、福岡市香椎宮の木下宮司、東京中野八幡の関宮司をはじめ、全国の神社関係の方々から多くのご支援とご協力を賜った。また、神社本庁事務総長塙瑞比古先生と恩師の樋口清之先生からは格別のご理解と愛情のあるご推薦の辞を頂いた。著者の感激おくあたわざるところである。

この度は、とくに沖縄の紋章について三苫浩輔先生に、川柳について松田丑二先生にご教示を頂いたことも忘れることはできない。

編集に当たっては、秋田書店の鈴木第一出版部長にすべてをおまかせした。図版の多い、めんどうな仕事もみな星野昌三氏が引きうけてくださった。

こうして、皆さんのお力添えによって「神紋」は生まれたのである。厚くおん礼を申しあげる。

昭和四十九年桃の節句に

丹羽基二

本書の原本は、『神紋』として、一九七四年に
秋田書店より刊行されました。

丹羽基二（にわ　もとじ）

1919年、栃木県に生まれる。國學院大學文学部卒業。文学博士。姓氏・家紋研究の大家。膨大な調査をふまえたユニークかつ精緻な研究で、稀代の成果を遺した。2006年逝去。著書に、『家紋と家系事典』（講談社＋α文庫）『難読珍読　苗字の地図帳』（講談社＋α新書）、『家紋大図鑑』（秋田書店）、『日本姓氏大辞典』（角川書店）、『姓氏・地名・家紋総合事典』（新人物往来社）、『人名・地名の漢字学』（大修館書店）など多数。

講談社学術文庫

定価はカバーに表示してあります。

神紋総覧《しんもんそうらん》

丹羽基二《にわもとじ》

2016年３月10日　第１刷発行
2023年６月５日　第２刷発行

発行者　鈴木章一
発行所　株式会社講談社
東京都文京区音羽2-12-21 〒112-8001
電話　編集（03）5395-3512
販売（03）5395-4415
業務（03）5395-3615

装　幀　蟹江征治
印　刷　株式会社ＫＰＳプロダクツ
製　本　株式会社国宝社
本文データ制作　講談社デジタル製作

ISBN978-4-06-292357-6

「講談社学術文庫」の刊行に当たって

これは、学術をポケットに入れることをモットーとして生まれた文庫である。学術は少年の心を養い、成年の心を満たす。その学術がポケットにはいる形で、万人のものになることは、生涯教育をうたう現代の理想である。

こうした考え方は、学術を巨大な城のように見る世間の常識に反するかもしれない。また、一部の人たちからは、学術の権威をおとすものと非難されるかもしれない。しかし、それはいずれも学術の新しい在り方を解しないものといわざるをえない。

学術は、まず魔術への挑戦から始まった。やがて、いわゆる常識をつぎつぎに改めていった。学術の権威は、幾百年、幾千年にわたる、苦しい戦いの成果である。こうしてきずきあげられた城が、一見して近づきがたいものにうつるのは、そのためである。しかし、学術の権威を、その形の上だけで判断してはならない。その生成のあとをかえりみれば、その根は常に人々の生活の中にあった。学術が大きな力たりうるのはそのためであって、生活をはなれた学術は、どこにもない。

開かれた社会といわれる現代にとって、これはまったく自明である。生活と学術との間に、もし距離があるとすれば、何をおいてもこれを埋めねばならない。もしこの距離が形の上の迷信からきているとすれば、その迷信をうち破らねばならぬ。

学術文庫は、内外の迷信を打破し、学術のために新しい天地をひらく意図をもって生まれた。文庫という小さい形と、学術という壮大な城とが、完全に両立するためには、なおいくらかの時を必要とするであろう。しかし、学術をポケットにした社会が、人間の生活にとってより豊かな社会であることは、たしかである。そうした社会の実現のために、文庫の世界に新しいジャンルを加えることができれば幸いである。

一九七六年六月　　野間省一

文化人類学・民俗学

柳田國男著（解説・田中宣一）

年中行事覚書

人々の生活と労働にリズムを与え、共同体内に連帯感を生み出す季節の行事。それらなつかしき習俗・行事の数々に民俗学の光をあて、隠れた意味や成り立ちを探る。日本農民の生活と信仰の核心に迫る名著。

124

柳田國男著（解説・中島河太郎）

妖怪談義

河童や山姥や天狗等、誰でも知っているのに、実はよく知らないこれらの妖怪たちを追求してゆくと、正史に現われない、国土にひそむ歴史の真実をかいまみることができる。日本民俗学の巨人による先駆的業績。

135

白川　静著

中国古代の民俗

未開拓の中国民俗学研究に正面から取組んだ労作。著者独自の方法論により、従来知られなかった中国民族の生活と思惟、習俗の固有の姿を復元、日本古代の民俗的事実との比較研究にまで及ぶ画期的な書。

484

鶴見和子著（解説・谷川健一）

南方熊楠《みなかたくまぐす》

南方熊楠——この民俗学の世界的巨人は、永らく未到のままに聳え立ってきたが、本書の著者による満身の力をこめた独創的な研究により、ようやくその全体像を現わした。〈昭和54年度毎日出版文化賞受賞〉

528

谷川健一著（解説・宮田　登）

魔の系譜

正史の裏側から捉えた日本人の情念の歴史。死者の魔が生者を支配するという奇怪な歴史の底流に目を向け、呪術師や巫女の発生、呪詛や魔除けなどを通して、日本人特有の怨念を克明に描いた魔の伝承史。

661

宮本常一著（解説・田村善次郎）

塩の道

本書は生活学の先駆者として生涯を貫いた著者最晩年の貴重な話——「塩の道」「日本人と食べ物」「暮らしの形と美」の三点を収録。独自の史観が随所に読みとれ、宮本民俗学の体系を知る格好の手引書。

677

《講談社学術文庫　既刊より》

文化人類学・民俗学

C・レヴィ＝ストロース著／室　淳介訳
悲しき南回帰線（上）（下）

「親族の基本構造」によって世界の思想界に波紋を投じた著者が、アマゾン流域のカドゥヴェオ族、ボロロ族など四つの部族調査と、自らの半生を紀行文の形式でみごとに融合させた「構造人類学」の先駆の書。

711・712

宮本常一著（解説・田村善次郎）
民間暦

民間に古くから伝わる行事の底には各地共通の原則が見られる。それらを体系化して日本人のものの考え方、労働の仕方を探り、常民の暮らしの折り目をなす暦の意義を詳述した宮本民俗学の代表作の一つ。

715

宮本常一著（解説・山崎禅雄）
ふるさとの生活

日本の村人の生き方に焦点をあてた民俗探訪。祖先の生活の正しい歴史を知るため、戦中戦後の約十年間にわたり、日本各地を歩きながら村の成立ちや暮らしの仕方、古い習俗等を丹念に掘りおこした貴重な記録。

761

宮本常一著（解説・田村善次郎）
庶民の発見

戦前、人々は貧しさを克服するため、あらゆる工夫を試みた。生活の中で若者をどう教育し若者はそれをどう受け継いできたか。日本の農山漁村を生きぬいた庶民の内側からの目覚めを克明に記録した庶民の生活史。

810

折口信夫著（解説・岡野弘彦）
日本藝能史六講

まつりと神、酒宴とまれびとなど独特の鍵語を駆使して藝能の発生を解明。さらに田楽・猿楽から座敷踊りまで日本の歌謡と舞踊の歩みを通観。藝能の始まりと展開を平易に説いた折口民俗学入門に好適の名講義。

994

柳田國男著（解説・桜田勝徳）
新装版 明治大正史　世相篇

柳田民俗学の出発点をなす代表作のひとつ。明治・大正の六十年間に発行されたあらゆる新聞を渉猟して得た資料を基に、近代日本人のくらし方、生き方を民俗学的方法によってみごとに描き出した刮目の世相史。

1082

《講談社学術文庫　既刊より》

山折哲雄著
仏教民俗学
日本の仏教と民俗は不即不離の関係にある。日本人の生活習慣や行事、民間信仰などを考察しながら、民衆に育まれてきた日本仏教の独自性と日本文化の特徴を説く。仏教と民俗の接点に日本人の心を見いだす書。

1085

宮本常一著（解説・神崎宣武）
民俗学の旅
著者の身内に深く刻まれた幼少時の生活体験と故郷の風光、そして柳田國男や渋沢敬三ら優れた師友の回想など生涯にわたり歩きつづけた一民俗学徒の実践的踏査の書。宮本民俗学を育んだ庶民文化探求の旅の記録。

1104

小松和彦著（解説・佐々木宏幹）
憑霊《ひょうれい》信仰論
日本人の心の奥底に潜む神と人と妖怪の宇宙。闇の歴史の中にうごめく妖怪や邪神たち。人間のもつ邪悪な精神領域へ踏みこみ、憑霊という宗教現象の概念と行為の体系を介して民衆の精神構造＝宇宙観を明示する。

1115

吉野裕子著（解説・村上光彦）
蛇　日本の蛇信仰
古代日本人の蛇への強烈な信仰を解き明かす。注連縄・鏡餅・案山子は蛇の象徴物。日本各地の祭祀と伝承に鋭利なメスを加え、洗練と象徴の中にその跡を隠し永続する蛇信仰の実態を、大胆かつ明晰に論証する。

1378

筑紫申真著（解説・青木周平）
アマテラスの誕生
皇祖神は持統天皇をモデルに創出された！　壬申の乱を契機に登場する伊勢神宮とアマテラス。天皇制の宗教的背景となる両者の生成過程を、民俗学と日本神話研究の成果を用いダイナミックに描き出す意欲作。

1545

赤坂憲雄著（解説・小松和彦）
境界の発生
現今、薄れつつある境界の意味を深く論究。生と死、昼と夜などを分かつ境はいまや曖昧模糊。浄土や地獄も消え、生の手応えも稀薄。文化や歴史の昏がりに埋もれた境界の風景を掘り起こし、その意味を探る。

1549

文化人類学・民俗学

池田弥三郎著
性の民俗誌
民俗学的な見地からたどり返す、日本人の性。一夜妻、一時女郎、女のよばい等、全国には特色ある性風俗が伝わってきた。これらを軸とし、民謡や古今の文献に拠りつつ、日本人の性への意識と習俗の伝統を探る。

1611

宮本常一著（解説・網野善彦）
日本文化の形成
民俗学の巨人が遺した日本文化の源流探究。生涯の実地調査で民俗学に巨大な足跡を残した筆者が、日本文化の源流を探査した遺稿。畑作の起源、海洋民と床住居など、東アジア全体を視野に雄大な構想を掲げる。

1717

野本寛一著（解説・赤坂憲雄）
神と自然の景観論 信仰環境を読む
日本人が神聖感を抱き、神を見出す場所とは？　人々を畏怖させる火山・地震・洪水・暴風、聖性を感じさせる岬・洞窟・淵・滝・湾口島・沖ノ島・磐座などの自然地形。全国各地の聖地の条件と民俗を探る。

1769

石毛直道著
麵の文化史
麵とは何か。その起源は？　伝播の仕方や製造法・調理法は？　厖大な文献を渉猟し、「鉄の胃袋」をもって精力的に繰り広げたアジアにおける広範な実地踏査の成果をもとに綴る、世界初の文化麵類学入門。

1774

西田正規著
人類史のなかの定住革命
「不快なものには近寄らない、危険であれば逃げてゆく」という基本戦略を捨て、定住化・社会化へと方向転換した人類。そのプロセスはどうだったのか。遊動生活から定住への道筋に関し、通説を覆す画期的論考。

1808

五来《ごらい》　重《しげる》著（解説・上別府　茂）
石の宗教
日本人は石に霊魂の存在を認め、独特の石造宗教文化を育んだ。積石、列石、石仏などは、先祖たちの等身大の信心の遺産である。これらの謎を解き、記録に残らない庶民の宗教感情と信仰の歴史を明らかにする。

1809